Ulrich Schaffer

Ein Mensch wie du und ich

Ulrich Schaffer

Ein Mensch wie du und ich

Von Schnellsprechern, Schuldfindern und anderen Typen

Mit Zeichnungen
von Friedrich Peter

EDITION schaffer
im Kreuz Verlag

UNSERE „ZWEITBERUFE"

Unsere geheimen Leidenschaften

Neben den Berufen, die wir gelernt haben und ausüben, haben die meisten von uns noch einen zweiten Beruf, der fast wie eine Berufung ist. Wir verfolgen diesen „Zweitberuf" manchmal mit einer größeren Leidenschaft als unseren ersten Beruf. Nur handelt es sich bei diesem nicht um einen wirklichen Beruf, sondern um eine Einstellung oder Haltung, die zum Bestandteil unseres Lebens geworden ist. Wir üben diesen Beruf ohne Bezahlung aus, opfern manchmal einen Großteil unseres Lebens für ihn und könnten uns unser Leben kaum ohne ihn vorstellen. Und doch wird über diese Berufe kaum gesprochen. Sie gehören zu den offenen Geheimnissen, mit denen wir miteinander leben. Durch sie schaffen wir uns Raum. Durch sie setzen wir einander unter Druck. Wenn wir sie ausüben, werden wir unsere Aggressionen los, und durch sie manipulieren wir unsere Umwelt. Wenn wir sie besser verstehen, verstehen wir uns selbst und einander besser.
Jede Ähnlichkeit mit lebenden Personen ist durchaus beabsichtigt. Für mich war das Beschreiben dieser Berufe wie eine Entdekkungsreise. Vielleicht können wir lernen über unsere „Zweitberufe" ins Gespräch zu treten. Auch wenn es unsere „geheimen Leidenschaften" sind, sind sie doch nicht geheim, sondern öffentlich. Das lauthalse Lachen eines Lachers ist nicht zu überhören und die Bewegungen eines Vereinnahmers sind nicht zu übersehen.

ulrich schaffer

Gibsons, im Frühjahr 2001

Wenn die Menschen aber dazu erzogen werden,
die Schattenseite ihrer Natur deutlich zu sehen,
so ist zu hoffen,
dass sie auf diesem Wege
auch ihre Mitmenschen
besser verstehen und lieben lernen.

C.G. Jung

LACHER

Lacher ist eigentlich kein besonderer Beruf, weil ein jeder von uns ab und zu lacht. Wir lachen, wenn wir etwas lustig finden oder wenn etwas komisch ist. Wir lachen über einen Gedanken, über eine Situation, über einen anderen Menschen oder sogar über uns selbst. Aber das macht uns noch nicht zu Lachern. Um ein Lacher zu werden und zu sein, muss man auch dann lachen, wenn es nichts zu lachen gibt, und man muss so lachen, dass daraus ein ganzes Leben wird.

Der Berufslacher lacht sozusagen ohne Grund, weil er sich das Lachen vorgenommen hat. Er lacht darum auch meist lauter, als nötig ist. Aus seinem Lachen soll eine ganze Welt entstehen. Er lacht demonstrativ, weil es gilt, mit seinem Lachen die andern Nichtlacher mitzureißen, ihnen gewissermaßen etwas vorzulachen, dem sie dann lachend folgen können.

Der Extremfall sind Lacher, die andere in Grund und Boden lachen. Sie lachen unpassend, unempfindsam und laut. (Natürlich sage ich das als jemand, der nicht beruflich lacht, weshalb Berufslacher mir vorhalten werden, ich hätte keine Ahnung von ihrem Lachen.)

Man sagt Lachern nach, sie würden sich ihre Angst weglachen. Das mag sein. Ich will nicht behaupten, davon genug zu verstehen. Allerdings merke ich manchmal, wie mich das Lachen der Berufslacher peinlich berührt. Ich habe dann immer das Gefühl mich umsehen zu müssen, um den Grund für so viel Heiterkeit, ja, fast Frivolität zu entdecken. Aber ich weiß natürlich schon vorher, dass ich da nichts finden werde. Die Heiterkeit liegt im Lacher selbst, oder genauer gesagt, in seiner Entscheidung, ein Berufslacher zu sein, komme, was da wolle.

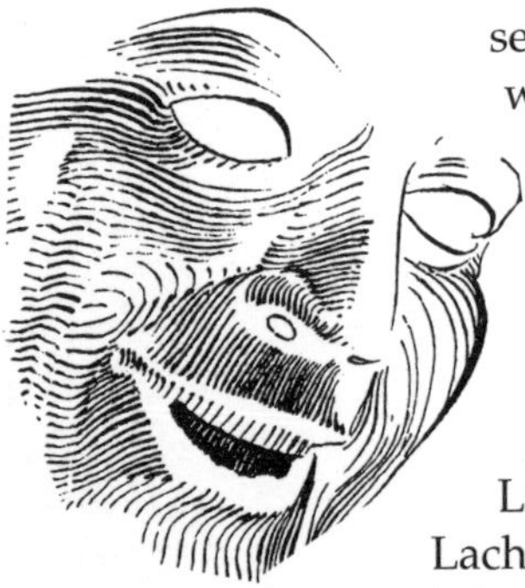

Wie in jedem Beruf gibt es auch hier unterschiedliche Stile in der Ausübung des Berufes. Der lauthalse Lacher ist der bekannteste. Akustisch ist er nicht zu überhören. Dieser Lacher ist auf Partys erfolgreich. Menschen folgen ihm, weil er ihnen die Möglichkeit gibt, ihren Gedanken nicht nachgehen zu müssen. Sein Lachen hält sie vom Denken ab. Für manche ist dieser Lacher darum fast wie eine Droge. Ohne ihn verfallen sie in Nachdenklichkeit oder gar Schwermut, und davor wollen sie sich am liebsten drücken.

Eine andere Art des Lachens, die weniger verbreitet ist, weil sie auch nicht so viel Aufmerksamkeit auf sich zieht, ist das stille, allwissende, immerweise Lachen. Ein solcher Lacher, den man schon fast einen Lächler nennen könnte, macht den Eindruck, Teil eines Netzwerkes zu sein, das jedem Mitglied den vollkommenen Durchblick im Leben garantiert. Die Menschen reagieren unterschiedlich auf diesen Stil. Die einen fühlen sich verunsichert, werden kühl, ablehnend und suchen das Weite. Das stille Lachen ist ihnen zu intim, und sie fühlen sich ein wenig schmutzig, wenn sie ihm begegnen, auch wenn sie nicht wissen warum. Andere dagegen lassen sich zu einem Mitlächeln hinreißen und nehmen so Anteil an der Allwissenheit. Sie sehen das Lachen nicht als

Bedrohung an, sondern als Aufforderung, das Spiel mitzuspielen. So gibt es dann plötzlich zwei Lacher oder Lächler, wobei der Neuling kein echter Lacher ist, wenn er das Lachen und Lächeln nicht selbst inszeniert.
Um ein guter Lacher zu werden, ist es hilfreich, einen großen Brustkorb zu haben, in dem das Lachen schallen kann, ehe es herausgelassen wird. Auch gehört eine gute Portion Selbstbewusstsein zu diesem Beruf. Ohne sie kann sich der Lacher selbst etwas komisch fühlen bei seinem Lachen, und wenn dies erst einmal eintritt, ist es vorbei mit der Laufbahn als professioneller Lacher. Wer über das nachdenkt, was er tut, kann nicht mehr so überrollend, so gefühllos und zwingend lachen. Ich habe auch oft beobachtet, dass manche Lacher es vermeiden, andere Menschen direkt anzusehen, während sie lachen, weil sie dadurch mit diesem Menschen in eine Beziehung treten würden, und dann könnte ihnen ihr Lachen im Hals stecken bleiben. Der Lacher schafft Freude ohne Beziehung.
Natürlich braucht er auch Zuhörer. Ohne Zuhörer ist dieser Beruf nicht auszuüben, oder macht doch nur halb so viel Spaß. Lacher umgeben sich darum meistens mit Publikum. Menschen tragen eine naive Seite in sich, die dann auch den Berufslacher bestaunt und bewundert und im Stillen wünscht, es ihm gleichtun zu können. Der Beruf ist also nicht im stillen Kämmerlein auszuführen, wie etwa der des Erinnerers, Leiders oder Schweigers. Es ist eine öffentliche Tätigkeit und der Ausübende muss dem öffentlichen Druck gewachsen sein. Das ist kein Beruf für sensible, empfindsame Menschen. Hier werden kernige, starke Typen gebraucht.
Lacher beginnen oft schon früh mit der Ausbildung. Bereits als

Kinder erleben sie die Reaktion der Erwachsenen auf ihr Lachen. Türen tun sich ihnen auf. Allerdings ist ihr Lachen zunächst noch echt. Wenn es ihnen später dann nicht mehr einfach so zufällt, produzieren sie es, um wieder die gleiche Reaktion zu erleben. Für diesen Beruf gibt es keinen offiziellen Ausbildungsweg, aber es gibt jetzt die ersten Abendschulkurse mit Prüfungen in folgenden Fachbereichen:

- Überrumpelndes Lachen
- Mitreißendes Lachen
- Niederlachen, Niedermachen
- Gluckerndes, kicherndes und brüllendes Lachen
- Die Koordination von Hand, Mund und Auge beim Lachen
- Die Bewältigung der Stille nach dem Lachen
- Große Lacher der Geschichte (historische und apokryphe Berichte)
- Das Lachen und der Ernst
- Weltlachen: amerikanisches, deutsches, chinesisches, japanisches und neuguinesisches Lachen im Vergleich

Im praktischen Lachen werden die Kandidaten meistens auf zwei Ebenen geprüft:

1. in Klein- oder Minigruppen (manchmal sogar allein)
2. in größeren Gruppen (zwischen 12 und 20 Personen).

Man hat festgestellt, dass die Fähigkeiten, die ein Lacher in unterschiedlich großen Gruppen entwickeln muss, sehr verschieden sind. Dabei hat sich herausgestellt, dass Lacher in mittelgroßen

Gruppen (5 bis 9 Personen) am meisten Erfolg haben. Die Gruppe ist nicht so groß, dass sich Einzelne dem Lacher entziehen können, aber wiederum auch nicht so klein, dass sich Peinlichkeit ausbreitet, wenn mal einer nicht mitlacht.
Zwei oder drei Jahre Schauspielstudium, besonders im Lustpiel, kann für die Karriere eines Lachers nur von Vorteil sein. Am besten lernen Lacher von anderen Lachern, auch wenn diese natürlich Konkurrenz bedeuten. Es ist darum oft problematisch, wenn es in einer Gruppe zwei Lacher gibt, weil dann beide die Zuhörer mit ihrem Lachen auf ihre Seite ziehen wollen. Anstellungen in Vollzeit findet der Berufslacher bisher kaum in unserer Gesellschaft, aber zu Teilzeitarbeit verpflichtet ihn fast jedes Unternehmen, besonders die, die im öffentlichen Bereich beschäftigt sind, es also mit Menschen zu tun haben. Ein Lacher verleiht dem Unternehmen eine leichte Note.
Die meisten Lacher versuchen irgendwann in ihrem Leben einmal in die USA zu reisen. Dort wird dieser Beruf häufiger ausgeübt und existiert in weit mehr Spielarten als in Europa. Auch ist dort jetzt die Rede davon, Vollzeitstellen für Lacher einzurichten, etwa in Hotels, Bars, Sportvereinen und Kirchen. Dort geht es meistens laut und schallend zu. Man will so versuchen, die Menschen durchweg glücklicher zu machen. Europäische Lacher, die nach Amerika kommen, merken, wieviel sie noch zu lernen haben. Das Lachen amerikanischer Lacher entstammt einer größeren Selbstsicherheit und einer tieferen Überzeugung von sich selbst. Es ist das Lachen der Selbstsicheren. So kann nur jemand lachen, der davon überzeugt ist, dass sein Nabel gleichbedeutend ist mit dem Nabel der Welt.

Die Zukunft für diesen Beruf sieht rosig aus. Solange Menschen das Lachen gebrauchen, um dem Ernst des Lebens zu entgehen, wird in unserer Kultur immer Platz für Lacher sein. Ich beobachte sogar eine Entwicklung in unserer Gesellschaft, bei der Lacher umso stärker gefragt sind, je weniger es zu lachen gibt. Wenn die wirtschaftliche Not zunimmt, wenn wir uns fragen, wie wir der Zerstörung der Erde Einhalt gebieten sollen, wenn es auch heute noch Versuche gibt, ganze Völker zu ermorden, dann schießen die Comedy-Clubs aus dem Boden und die Lacher werden zu Dennoch-Lachern, die uns davor retten, diese Notstände ansehen zu müssen.
Natürlich gibt es auch Gefahren für Lacher. Man wird es kaum glauben, aber sie sind suizidgefährdet und neigen zur Depression, wenn sie einmal gerade nicht lachen. Es ist, als habe das Lachen zu viel von ihnen gefordert und sie kämen mit ihrem eigenen Leben dem Lachen nicht nach, wie ein Zirkusclown.

Eine kleine Schlussbemerkung: Wir schätzen beim Lachen, beim ganz normalen, alltäglichen Lachen, unsere Fähigkeit, über dem Lachen alles andere zu vergessen und für ein paar Sekunden, oder gar für ein paar Minuten, uns selbst vergessen zu können. Das ist die Befreiung zu einem Leben, in dessen Mitte wir einen Augenblick lang nicht in voller Verantwortung stehen müssen. Wir sind frei von uns selbst und genießen den Moment. Aber dem Lacher scheint es nicht immer so zu gehen. Ich habe oft beobachtet, dass sie sich während des Lachens fast ängstlich umsehen, um festzustellen, ob die anderen ihr Lachen anerkennen und sich mitreißen lassen. Sie wirken nicht ganz frei, sondern scheinen sich anderen auf eine seltsame Weise verpflichtet zu fühlen.

SCHNELLSPRECHER

Der Schnellsprecher scheint immer von einem unsichtbaren Feind gejagt zu sein. Allein durch den Akt des Sprechens hält er sich diesen Feind vom Leib. Es kann sein, dass die Stille sein Feind ist, denn in der Stille kommen ungute Gedanken und Ängste hoch. Oder der Schnellsprecher hat Angst, unterbrochen zu werden und so den Faden zu verlieren.

Der Schnellsprecher tarnt sich, indem er sich enthusiastisch gibt. Ein begeisterter Redner ist nicht zu unterbrechen, das gehört zu den Grundregeln unserer Kultur, gegen die man nicht verstößt. Der nachdenklich Sprechende ist darum immer im Nachteil, und kaum ein Mensch will ein Langsamsprecher sein, denn das gilt als Handicap im Gespräch. Schnellsprecher werden eher gehört, auch wenn es vielleicht manchem Zuhörer schwer fällt, ihnen lange zuzuhören. Schnellsprecher kriegen in der Hälfte der Zeit etwas gesagt, sie sparen damit jedermann viel Zeit, was allerdings dadurch relativiert wird, dass sie die gewonnene Zeit dann doch wieder mit Worten anfüllen.

Es wird behauptet, Schnellsprecher könnten schneller denken und seien lebendiger. Sie müssen allerdings darauf achten, dass sie nicht irgendwann anfangen zu stottern. Wenn mehrere Schnellsprecher zusammen sind, hat der Langsamsprecher überhaupt keine Chance mehr, an dem Gespräch teilzuhaben, es sei denn, er legt sich auf die Lauer und sagt in einer der seltenen kurzen Pausen schnell seinen vorbereiteten Satz.

Schnellsprecher gibt es überall und in allen Altersgruppen. Allgemein kann man sagen, dass Schnellsprecher zufriedener sind als Langsamsprecher. Wenn die letzteren nicht zufrieden sind, dann hat das meistens etwas mit den Schnellsprechern zu tun.
Ich erwähne den Beruf des Schnellsprechers hier, weil es den Schnellsprechern nicht in erster Linie ums Sprechen geht. Diese Beobachtung habe ich gemacht, auch wenn sie wahrscheinlich von Schnellsprechern nicht geteilt wird. Ich behaupte, dass das Schnellsprechen eine Art von Verarbeitung ist, eine Form von Selbsttherapie. Es gibt auch die Theorie, dass der Schnellsprecher das Leben als einen Wettlauf ansieht. Es ist, als sei er fünf Minuten zu spät geboren und versuche ein Leben lang, diese fünf Minuten aufzuholen. Das drückt sich dann im Sprechen aus.
Den Beruf des Schnellsprechers kann man letztlich nicht von außen erlernen. Kleine Seminare an Universitäten, Diskussionskreise, Interessengruppen können darin üben, schneller in eine Sprachlücke zu springen, aber der eigentliche Drive des Schnellsprechers kommt von innen. Ein Mensch, der überzeugt ist, dass die Welt in jedem Moment zugrunde gehen könnte, oder der glaubt, dass niemand etwas so gut, treffend und durchdacht sagen kann wie er, oder der weiß, dass nur er seine Zuhörer retten kann, der wird das Gespräch an sich reißen und alle Anwesenden mit seiner Weisheit erfreuen.

Bei einer Karriere gibt es jedoch zu beachten, dass es bei diesem wie bei vielen dieser Berufe eine Grenze gibt, die nicht übertreten werden darf, will man sich nicht lächerlich machen. Hier heißt sie „Miller´s Law" – das Millersche Gesetz: Die Sprachschnelligkeit steht im umgekehrten Verhältnis zur Denkzeit. Je schneller man spricht, desto weniger Zeit hat man zum Denken. Der wahre Schnellsprecher denkt nicht mehr nach und spricht darum immer schneller über etwas, das er nicht verstanden hat. Das kann seinen Zuhörern dann plötzlich auffallen. Bemerkt der Schnellsprecher das, dann kann er im Handumdrehen zu einem Stotterer werden. Es ist also wichtig, noch so viel zu denken, dass das Schnellsprechen nicht eine völlige geistige Leere entstehen lässt.

Es gibt eine Unterart des Schnellsprechers: den Dauersprecher. Dieser mag nicht schnell sprechen, wird aber von einer ähnlichen Motivation getrieben. Bei manchen Stämmen in der Südsee gab es eine Regel: Wer die große Muschel hielt, hatte das Sagen und damit die Macht. Bei uns erfüllt das Sprechen die Rolle der großen Muschel: Wer spricht, regiert. Und zwar auf allen Ebenen. Die Psychologen sagen uns, dass der Dauersprecher in der ständigen Angst lebt, er könne, wenn er aufhört zu reden, auf immer den Anschluss verlieren, nie wieder eine Lücke finden, in die er hineinspringen kann, um gehört zu werden. Dauersprecher wissen, dass das eine irrationale Angst ist, können dieses Verhalten aber nur ablegen, wenn sie sich in professionelle Hilfe begeben. Es gibt im Gesundheitswesen mancher Länder inzwischen erste Bestrebungen,

„Verlangsamungskliniken" einzurichten. Dort würde man für das Verrichten fast aller menschlichen Tätigkeiten und besonders für das Sprechen die doppelte oder dreifache Zeit veranschlagen. Für das Mittagessen sollen zwei Stunden aufgewandt werden, für das Lesen einer durchschnittlichen Buchseite sind fünf Minuten empfohlen und – das ist für Schnellsprecher interessant – Gespräche sollen mit 25 Worten oder weniger in der Minute geführt werden. In Tests, die bisher durchgeführt wurden, berichten Menschen, dass sie in Gesprächen mit weniger als 25 Worten pro Minute an ihre ersten Leseerfahrungen erinnert wurden. Sie sprechen davon, wie ihnen die Worte auf der Zunge zergehen und das Sprechen selbst, egal welchen Inhalts, wieder zu einer sinnlichen Freude geworden ist. Als besonders schön erlebten sie das Formen einzelner Worte mit Mund und Lippen. Nachdem sie sich dann wieder in einer normalen Umgebung befanden, hätten sie manchmal kaum noch einem Gespräch von über 100 Worten pro Minute folgen können. Die übermäßige Fülle verwirrte sie.

Schnell- und Dauersprecher haben in allen Bereichen der Politik eine große Zukunft, sei es auf internationaler, nationaler oder kommunaler Ebene, in Politik, Kirche, Gewerkschaften oder in der Familienpolitik. Schnell- und Dauersprecher werden gehört. Und auf jeder dieser Ebenen scheint die Kunst zu sein, haarscharf an dem Millerschen Gesetz entlangzugleiten, ohne abzustürzen und entweder zu schweigen und andern das Wort zu überlassen, oder die erwähnte geistige Leere durchscheinen zu lassen. So ist für manche der schnell- oder dauersprechenden Politiker der Höhepunkt der Karriere das Inszenieren eines Filibusters, einer endlos langen Rede im Parlament. Sie haben das Recht, zu reden, so lange sie wollen, und niemand darf sie unterbrechen.

Jeder von uns leidet an irgendeinem Punkt des eigenen Lebens. Das macht uns aber noch nicht zu Leidern. Für die meisten von uns ist Leiden eine Begleiterscheinung des Daseins. Wir konzentrieren uns nicht auf sie, ja, wir versuchen das Leid sogar abzuschütteln. Der Leider aber sieht im Leiden die Erfüllung seines Lebens. Er konzentriert sich auf das Leiden. Während die meisten Menschen das Leid meiden, sucht der Leider das Leid, aber er darf es nicht zugeben, weil die anderen das falsch verstehen würden. Sie würden in ihm einen Masochisten sehen, und das will er nicht. Überhaupt ist der Leider ein oft missverstandener Mensch, der natürlich auch unter dieser Tatsache leidet.
Für den Leider steht über allem das Wort „schwer". Die Arbeit ist schwer, die Ehe ist schwer, die Kindererziehung ist schwer. Entscheidungen sind schwer zu treffen. Das Leben ist schwer. Da werden Dinge schweren Herzens getan. Es fällt schwer, sich zu trennen, das Älterwerden erweist sich als schwer. Und was alles noch schwerer macht, ist, dass niemand die Schwere, die auf dem Leider lastet, so recht zu verstehen scheint. Er ist allein mit dem Gewicht der Welt. Nichts ist leicht. Alles ist schwer.
Die meisten Leider beginnen früh mit der Ausübung ihrer Tätigkeit. Schon als Kinder scheinen sie eine überdurchschnittliche Fähigkeit zu besitzen, Leid zu entdecken und sogar anzuziehen. Sie sind es, die auf dem Heimweg von der Schule von andern Kindern verhauen werden. Sie fallen mit ihren Sonntagskleidern

in den Straßengraben. Gerade ihnen stirbt der liebste Hamster. Sie hören im Vorbeigehen an der halb offenen Wohnzimmertür, dass die Eltern mit ihnen Schwierigkeiten haben und sich Sorgen um sie machen. Ihnen fällt der Füller aus der Hand und trifft genau mit der Spitze auf den Steinfußboden. Während die anderen Kinder draußen spielen, sehen sie das Programm über den Hunger der Welt. Die Liste ist endlos. Es bildet sich im Leider schon früh ein Empfinden für die Tragik des Lebens.

Diese Anlage wird dann beim jugendlichen Leider einfach nur weiter ausgebaut. Das Leidenspotential wird aufgefächert. Er erlebt seine erste romantische Beziehung so stark, dass er meint, beinahe daran zu sterben. Auch werden gerade Leider scheinbar am meisten von ihren Partnern verlassen, und so geht das Leiden weiter. Ihre Begabungen werden häufig verkannt, und deshalb wird ihnen der falsche Beruf empfohlen. Sie finden nicht die Menschen, mit denen sie sich verstehen könnten oder von denen sie zumindest verstanden werden. Sie bleiben in ihrem Innern einsam. Das wird manchmal doppelt schmerzhaft, weil sie nach außen angepasst und erfolgreich erscheinen und niemand ihre Schmerzen und ihr Leid ahnt.

Leider sind sie dann später auch häufig kränklich. Nicht richtig krank, sondern kränklich. Die Ärzte probieren alles, versuchen immer neue Tests, aber finden häufig nichts, was sie behandeln könnten. Manchmal entsteht aus dieser Kränklichkeit ein buntes Repertoire an Leidensmienen. Der Leider verfügt über eine Vielzahl von Stöhngeräuschen. Sie sind gleichzeitig Ausdruck seines Leidens und der Versuch, den Mitmenschen sein Leiden mitzuteilen. Es ist darum wichtig, dass diese Mitmenschen das Leiden

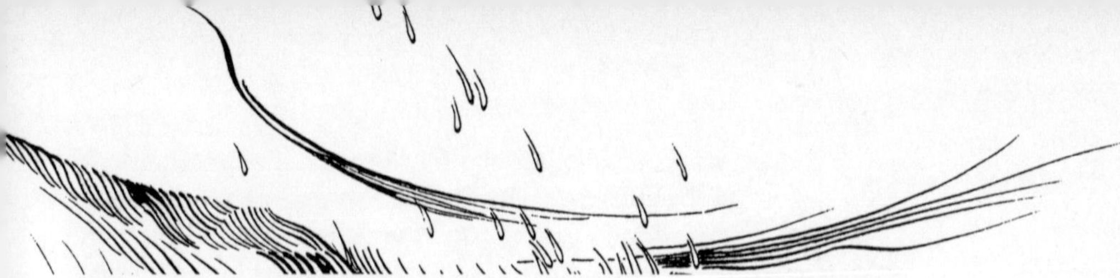

des Leiders kommentieren, erfragen, und vielleicht auch Mitleid spenden und ein Stück mitleiden.
Am wichtigsten ist für den Leider, einen eigenen Leidenston zu entwickeln. Der ist wie die persönliche Unterschrift des Leiders und darf nicht mit dem eines anderen zu verwechseln sein. Es mag ein leichtes Nuscheln sein, bei dem der Zuhörer immer genauer hinhören muss, um noch etwas zu verstehen. Je genauer er hinhört, desto mehr nuschelt der Leider. So wird das Nuscheln selbst zu dem Versuch, den Zuhörenden in das Leid zu verwickeln, es ihn hautnah spüren zu lassen. Oder der Leider gibt seinem Reden immer ein still mitgedachtes Seufzen bei, das ab und zu durch einen wohlplatzierten echten Seufzer gesteigert wird. Das gibt allem eine fast mystische Tiefe, die sehr beeindruckend sein kann. So entwickelt der Leider eine Fülle von körperlichen und gestischen Ausdrucksmöglichkeiten, von den herabgezogenen Mundwinkeln bis zu den wässrigen Augen, vom eingezogenen Kopf zwischen leicht vorgebeugten Schultern bis hin zu einem leichten Zittern, vom Versagen der Stimme bis zum bewusst betonten Verachten persönlicher Schmerzen.
Da der Leider sich auf das Leid als solches konzentriert hat und darin zu Hause ist, ist er meistens auch ein Mitleider. Er übt Mitleid aus. So wie der Leider Mitleid wünscht, oft nur, um es sogleich abzuwehren, so gewährt er es auch. Er lässt sich nicht die Möglichkeit nehmen, sein Leid noch ein wenig zu vergrößern, wenn

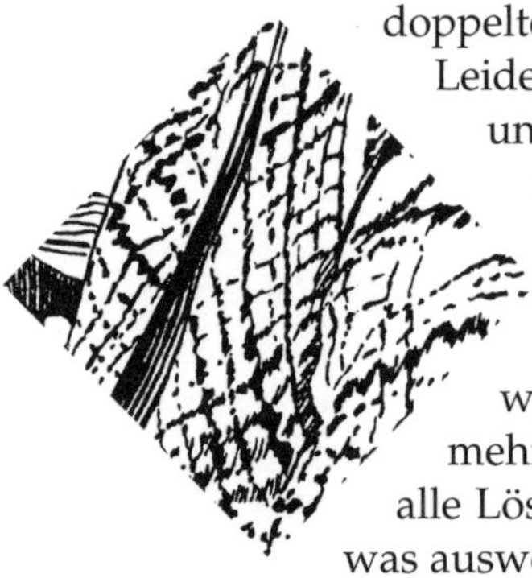

er am Leid des andern teilnimmt. Geteiltes Leid ist doppeltes Leid, heißt sein Wahlspruch. Ich kenne Leider, die ständig zwischen Mitleid-Suchen und Mitleid-Geben wechseln. Für sie gibt es nichts anderes. Sie haben sich ganz und gar dem Leid gewidmet.

Wenn zwei Leider sich treffen, kann die Begegnung zu einem stillen stundenwährenden Wettkampf werden, wer denn mehr zu leiden habe und wie unmöglich doch alle Lösungen seien. Da wird alles hervorgeholt, was ausweglos, verfahren und hoffnungslos ist. Ein Feuerwerk der Hoffnungslosigkeit.

Genau das Gegenteil passiert, wenn sich ein Leider und ein Herausforderer begegnen. Für den Herausforderer ist jedes Leid eine Herausforderung. Er sieht seine Aufgabe im Kämpfen, während die Berufung des Leiders das Erleiden ist. Wo die zwei sich treffen, entbrennt ein heißer Kampf. Der eine kann den andern nicht ausstehen. Ihre Lebensauffassungen scheinen sich gegenseitig aufzuheben.

Die meisten Leider sind in ihrem Beruf gut geworden, weil sie das Erleiden abgeguckt und nachgeahmt haben. Der persönliche Kontakt zu einem Leider – meistens einer der Eltern – ersetzt jedes Buchwissen auf diesem Gebiet. Das direkte Vorbild, die Fähigkeit etwa der Mutter, an ihrem Mann, an Geldmangel, an ihrer Schwiegermutter, ja am Leben schlechthin zu leiden, ist in der Regel prägend gewesen für die Entwicklung und Ausbildung des Kindes. Es gibt auch hier wieder böse Zungen, deren Aussagen ich jedoch nicht verschweigen will. Sie behaupten, dass das ganze Christentum mit seinem schwerwiegenden Einfluss auf das Abendland in seiner jetzigen Ausprägung die geheime Verschwörung einer Gruppe von Leidern gewesen sei. Diese Gruppe habe von Anfang an einen starken Einfluss auf die Theologie ausgeübt und sei dafür verantwortlich, dass das Leiden eine derart zentrale Stellung im Christentum eingenommen habe. Diese Kritiker behaupten, Jesus selbst sei gar kein Leider gewesen, man habe ihm aber allerhand in den Mund gelegt, um die Macht der Leider zu vergrößern. Nur so könne man es erklären, dass die Todessymbolik, am besten ausgedrückt durch die zentrale Stellung des Kreuzes als Symbol, in der westlichen Welt so wichtig geworden sei. Es ist darum nicht verwunderlich, dass gerade in der Kirche die Leider am meisten gebraucht werden.

Leider sind oft Nähetypen. Es ist nicht ganz klar, ob sie zuerst Nähetypen sind und dann an ihrem ständig unbefriedigten Bedürfnis nach Nähe leiden, oder ob sie erst Leider sind und sich dann ein Betätigungsfeld suchen, an dem mehr als sonstwo in unserer Gesellschaft gelitten wird: in Beziehungen. Wie man es auch betrachtet, Leider und verweigerte Nähe scheinen zusammenzugehören.

Für den Leider gibt es keine geografischen oder durch Alter gesetzten Grenzen. Man findet sie in der ersten, der zweiten und der dritten Welt. Es gibt sie unter Jung und Alt, unter Männern wie Frauen, unter einfachen und studierten Menschen. Sie sind in jeder Berufsgruppe zu finden. Sie steigen wie andere auf, haben Erfolg, bestimmen

den Verlauf der Geschichte und werden wie andere abgewählt, entlassen, vergessen. Der Leider ist wahrhaftig ein universeller Menschentyp.

„Leider" sind manchmal im zweiten Nebenberuf „Retter". Sie wollen retten, ihre Rettungsversuchen werden jedoch abgewiesen und dann leiden sie daran. Auch hier ist es nicht ganz klar, ob sie erst Leider oder erst Retter waren. Wichtig ist für sie die Symbiose, in der sie beide Berufe bis zur Selbstaufgabe ausüben können. Manchmal mündet das dann in den Beruf des Märtyrers, eine Profession, die heute anders gelebt wird als noch vor zweitausend oder vor tausend Jahren, die sich aber immer noch einer gewissen Popularität erfreut.

Die Kunst des Leidens besteht darin, sich in ganz normalen Situationen auf das Leid zu konzentrieren. Es gibt nichts, an dem man nicht leiden kann. Selbst im größten Glück gibt es noch Leid, wenn man nur lange genug danach sucht.

WORTWÄSCHER

Es gibt Menschen, für die hat ihre Muttersprache nicht genug Wörter. Die etwa 250.000 Wörter in der deutschen oder englischen Sprache sind ihnen zu wenig. Sie suchen ständig nach Wörtern, die es wahrscheinlich noch nicht gibt. Das wirkt sich dann so aus, dass sie jedes gebrauchte Wort untersuchen, abklopfen und meistens spezifizieren. Das Wort wird einer Wäsche unterzogen, denn es kann nicht „nur einfach so" gebraucht werden. Es muss ideologisch und emotional gereinigt werden. Das Umfeld des Wortes muss untersucht werden. Das Wörterbuch muss auf den Tisch, um die Etymologie des Wortes zu bestimmen und so näher an seine Herkunft und ursprüngliche Bedeutung zu gelangen. Der Gebrauch des Wortes in der sozialen Schichtung der Gesellschaft muss untersucht werden – ist das Wort ein Herrschafts- oder ein Knechtschaftswort? Wird es zur Ausbeutung benutzt oder ist es gar schon so abgewetzt, dass es unbrauchbar geworden ist? Ist das Wort sexistisch, rassistisch oder etwa faschistisch?

Wie man sich denken kann, ist eine solche Haltung besonders unter Universitätsstudenten verbreitet. Sie sehen in diesem Nebenberuf häufig ein Stück Lebenserfüllung. Sie meinen, es sich selbst schuldig zu sein, jeden unpräzisen Ausdruck sofort zu entlarven und darauf hinzuweisen, dass sich schon in der Wortwahl die ganze Unsauberkeit unseres Denkens und unserer Kultur ausdrückt. Mit ihnen soll ein gewissenhafterer Umgang mit der Sprache beginnen. Sie behaupten, dass bei ihnen Brandreden, wie Hitler sie hielt, nicht möglich wären. Sie kommen bei ihren Bemerkungen recht in Fahrt und brennen manchmal lichterloh für ihre Ideen. Ein guter Wortwäscher muss intelligent sein und über einen großen Wortschatz verfügen. Mit bloßer Neigung zu diesem Beruf ist es nicht getan. Er erfordert schwere Arbeit. Da muss zumindest der Duden immer griffbereit sein. Da reicht es nicht aus, ein Wort nach Gefühl zu gebrauchen, weil selbst unser Gefühl durch den Missbrauch von Worten untauglich geworden sein mag. Ein guter Wortwäscher liest viel, ist informiert und diskutiert leidenschaftlich gern.

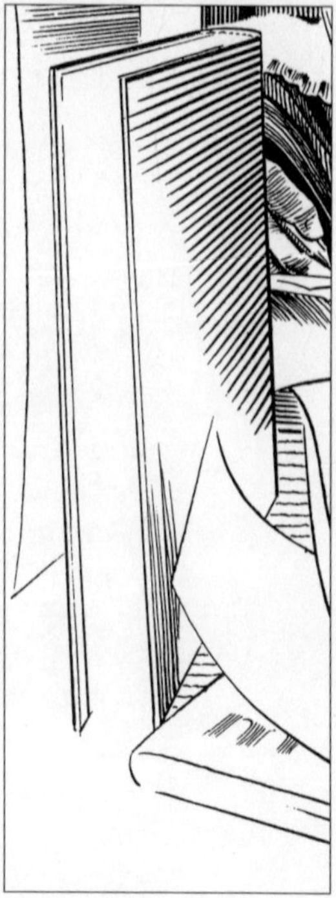

Allerdings gibt es in den letzten Jahren immer mehr Menschen, die zwar diesen Anforderungen nicht gerecht werden können, aber trotzdem Wortwäscher geworden sind. Ihre Spezialität ist dann nicht so sehr der intellektuelle Hintergrund, die Präzision und Genauigkeit der Beschreibung, sondern die sogenannte „Ehrlichkeit". Sie untersuchen also gewissermaßen jedes Wort und jede Wortreihe auf den Schmutz der Unehrlichkeit. Einige ihrer liebsten Formulierungen sind: „Das kannst du doch nicht ernsthaft meinen", oder: „Was fühlst du wirklich?" mit dem ganzen Nachdruck auf dem Wort „wirklich". Für sie ist es gerade wichtig, dass Worte mit Gefühl ausgedrückt werden. Sie stehen darum mit solchen Wortwäschern, denen es um intellektuelle Genauigkeit geht, auf Kriegsfuß.

Die Wortwäscher der ersten Kategorie sind über den Einbruch dieser Kollegen in ihren Arbeitsbereich gar nicht froh. Sie fühlen ihre Bemühungen untergraben und erklären in aller Deutlichkeit: intellektuelle Redlichkeit ja, aber emotionale Direktheit nein. Es ist ihnen alles zu ungenau und zu subjektiv. Die meisten von ihnen haben sich ihr Leben lang für Objektivität eingesetzt und darunter gelitten, dass sie so schwer zu erlangen ist. Und jetzt kommen Menschen daher, die vorgeben, für die gleichen Ziele zu kämpfen und dabei doch etwas ganz anderes wollen. Hier ist das letzte Wort noch nicht gespochen.
Es scheint als würde diese Tätigkeit, besonders die erstgenannte Kategorie der Wortwäscher, von Männern bevorzugt. Es gibt eigentlich kein Pensionsalter für diesen Beruf, aber viele Wortwäscher nehmen es mit zunehmenden Alter nicht mehr so genau. Die entscheidenden Stellen werden darum eher von Jungen besetzt, die viel Energie darein setzen, auf die Sauberkeit der Sprache zu achten.

ABC

VERSTEHER

Der Versteher versteht alles. Von der brutalsten Vergewaltigung bis zum bizarrsten Mord. Vom Chemiekonzern, der seine Abfallprodukte wissentlich in einen Fluss kippt, aus dem andere Menschen ihr Trinkwasser beziehen, bis zu dem Präsidenten, der in einem Volk, das nur ein Bruchteil so zahlreich ist wie seins, eine große Bedrohung sieht und es mit allen Mitteln bekämpft. Von der Abtreibung bis zur Euthanasie. Von den zehn Millionen, die eine Fußballmannschaft für einen Star bezahlt, bis zu den zehn Milliarden, die ein Land für einen neuen Flugzeugträger ausgibt. Von der Neutralität der Schweiz bis zum Engagement der Befreiungstheologen. Von den Anliegen der Schwarzen in Südafrika bis zu der Idee, man müsse sie unterdrücken, weil sie sich selbst ja nicht von heute auf morgen regieren könnten.

Der Versteher meint, mit seinem Beruf Verständnis in die Welt zu bringen. Aber wenn man die von ihm „Verstandenen" einmal befragt, so stellt man fest, dass diese sich von den Verstehern nur selten verstanden fühlen. In Nordamerika spricht man in diesem Zusammenhang von „bleeding-heart-liberals", also von Menschen, die immer Herzblut für die Unterdrückten vergießen. Diesen Liberalen geht es nicht in erster Linie um Verständnis, sondern darum, verständig zu erscheinen. Hier geht es um den alten Konflikt zwischen „sein" und „wirken." Deshalb möchte ich hier ganz klar unterscheiden zwischen dem Verstehenden, der tatsächlich versteht, aber von seinem Verständnis nicht viel hermacht, und dem Versteher, der das Verstehen zu einem Selbstzweck gemacht hat. Der Versteher stellt sich selbst ins Zentrum und nicht den Menschen, den er versteht. Das nennt man Ausbeutung. (Ein ähnliches Phänomen gibt es auch im religiösen Bereich: Ein Mensch versucht einen anderen Menschen zu bekehren, nicht wegen der Seele des anderen, sondern um für sich selbst Punkte im Himmel zu sammeln, damit er bei der Abrechnung später dann auch keine rote Zahlen schreibt.

Manchmal tun sich Versteher mit Wortwäschern zusammen. Gemeinsam sind sie schier unüberwindbar. So wie die Mafia Geld wäscht, indem sie es durch akzeptable Geschäfte fließen lässt, so säubert der Wortwäscher „böse" Worte für den Versteher. Aus Apartheid wird die Notwendigkeit, einen guten Übergang zu finden, aus Militärs werden Berater, aus Herrschaft wird Führung, aus Krieg wird die Begegnung feindlicher Truppen, aus Mord wird Liquidierung, aus Geld werden Mittel, aus Tod wird Außerstandsetzung, aus Bevormundung wird Leitung. Dies ermöglicht dem Versteher dann, noch mehr zu verstehen. Das Verstehen kostet immer weniger und kann darum ins schier Uferlose wachsen.

Wie schon das Wort andeutet, muss man intelligent sein, um Versteher zu werden. Die Dummen – man sollte sie nicht so nennen, weil man für sie Verständnis haben muss – verstehen das einfach nicht. Je intelligenter, desto verständiger. Versteher verschlingen das Wissen der Welt. Sie lesen viel, schreiben Abhandlungen, führen

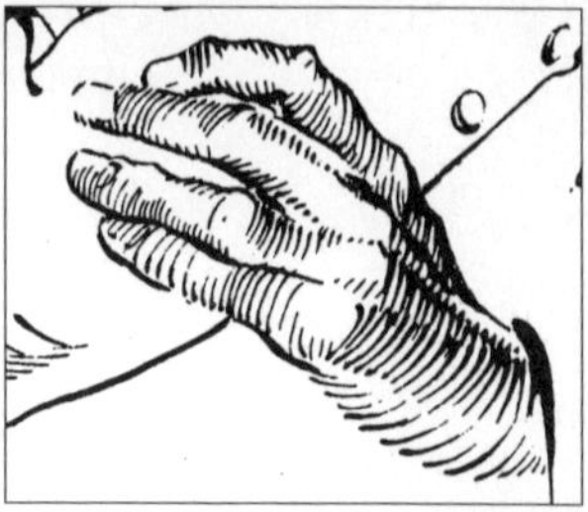

Vermittlungsgespräche, leiten Konferenzen und sind immer auf dem Laufenden. Sie sind informiert, aufgeklärt, up to date.
Bei allem taucht die Frage auf: Warum machen die das? Solange man sich noch informiert, ist man nicht involviert. Solange man die Nase noch in einem Buch hat, kriegt man sie nicht abgeschossen, abgeschlagen oder in den Dreck gedrückt. Solange man noch mehr Information braucht, um absolut richtig handeln zu können, braucht man für die Information, die man bereits hat, noch nicht geradezustehen oder krumm zu gehen. Das Suchen schützt vor dem Handeln. Die intellektuelle Redlichkeit schützt vor der schmutzigen Wirklichkeit. Auch hat der Versteher gerade durch seine verständnisvolle Art keine Feinde. Wer versteht, kritisiert selten und wird darum selbst wenig kritisiert. Es ist schön, ohne Konfrontation zu leben.
Es gibt aber auch Versteher, die wirklich selbstlos an etwas herangehen. Selbst-los. Sie scheinen kein Ich zu haben. In ihrer Aufopferung für den anderen erscheinen sie selbst mit ihrer Meinung überhaupt nicht mehr. Sie sind nur Verständnis. Sie leben nur in den Köpfen der anderen und verlieren dabei mehr und mehr ihren eigenen Kopf. Ich erinnere mich an einen Satz, den ein international bekannter Versteher in einem Interview sagte: „Es ist nicht wichtig, was ich denke oder glaube. Wichtig ist, dass ich die anderen in ihrem Glauben und Denken verstehe."
Dabei ist für professionelle Versteher das tatsächliche Verstehen gar nicht von Bedeutung. Sie wollen vor allem so wirken, als verstünden sie die andern. Mit dieser Einstellung können die Versteher den Winkern die Hand reichen, weil diese auch in erster Linie über ihre Wirkung nachdenken und nicht so sehr über die Echt-

heit ihres Handelns. Hier geht es nur um Schein und Wirkung, denn jemanden tatsächlich zu verstehen ist viel anstrengender und darum kein sonderlich attraktiver Beruf.

KOMPLIZIERER

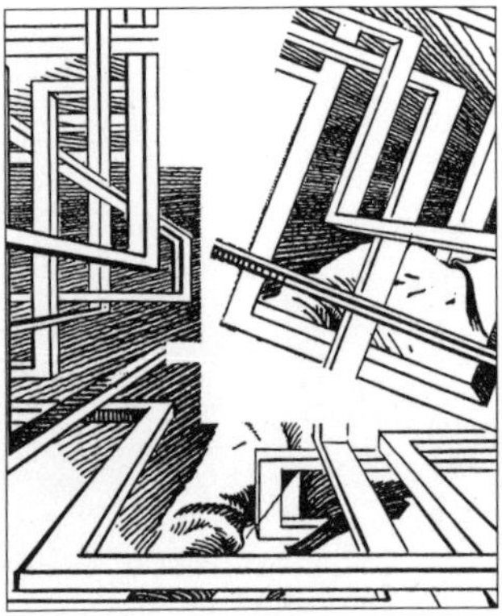

Es gibt Menschen, für die fast jede Situation im Leben eine Chance ist, etwas so kompliziert wie möglich zu machen. Das ist eine besondere Fähigkeit. Diese Menschen haben es sich angewöhnt, nichts einfach zu sehen. Sie trauen dem Einfachen nicht. Sie verwandeln die leichteste Wanderung in einen Gang durch ein Labyrinth. Menschen, die diese Neigung nicht haben, staunen nur über die Findigkeit der Komplizierer, die man auch Labyrinther nennen könnte.

Es gibt sogar Labyrinther-Weltmeisterschaften. Die Kämpfer bekommen dabei eine einfache Situation vorgelegt und müssen es schaffen, sie so kompliziert wie möglich zu machen. Der Wettbewerb kann praktisch oder theoretisch ausgeführt werden. Der theoretische Teil ist lediglich eine schriftliche Übung. Einer Gruppe von Labyrinthern wird folgende Aufgabe gestellt, die von den letztjährigen Weltmeisterschaften stammt: Ein kleiner Junge bekommt von seinen Eltern zehn gleichwertige Münzen, um damit zehn gleichwertige Bonbons zu kaufen. Das ist die Aufgabe. Die Wettbewerber machen nun aus dieser einfachen Sache eine komplizierte. Auf Weltmeisterschaften stehen ihnen dafür drei Minuten zur Verfügung. Am Ende gewinnt der Teilnehmer, der aus der einfache Sache etwas ganz Kompliziertes, vielleicht sogar ohne Lösungsmöglichkeit, gemacht hat.

Bei den praktischen Übungen werden Bewerber in ganz alltägliche Lebenssituationen versetzt. Man verwickelt sie in ein Gespräch, oder sie werden gebeten, aus dem Nachbarzimmer etwas zu holen und diese Sache müssen sie dann zu einer labyrinthischen Situation umgestalten. Die verwickeltste und schwierigste Lage wird dann prämiert.
Die liebsten Formulierungen der Labyrinther sind: „So einfach ist das nicht", „Das ist kompliziert" und „Das ist ein schier unlösbarer Problem". Sie haben diese Formulierungen immer parat und scheinen aus ihnen seltsamerweise Beruhigung zu schöpfen. So wappnen sie sich gegen die Überraschungen des Lebens. Weil sie alles kompliziert finden, kann das Leben sie nicht mehr mit komplizierten Situationen überrumpeln. Sie sind immer auf das Schlimmste gefasst.
Viele Berufslabyrinther gehen in die Politik und in den diplomatischen Dienst. Dort kommt ihnen ihre Fähigkeit, aus jeder Mücke einen Elefanten zu machen, sehr zugute, weil sie es meistens bei ihrem Gegenüber ebenfalls mit einem Komplizierer zu tun haben.
So toben dann oft lange Gefechte mit taktischen und strategischen Überlegungen, von denen allerdings die meisten Durchschnittsmenschen nur sehr wenig verstehen, weshalb sie auch nicht schätzen können, was da geleistet wird.
Die meisten Weltmeister sind um die vierzig Jahre alt. Weltmeister unter dreißig hat es bisher nicht gegeben, und ebenso keine über fünfzig. Vielleicht

liegt das daran, dass besonders Jugendliche und Alte dazu neigen, alles möglichst einfach zu halten.
Es gibt Komplizierer, die in der Praxis, und solche, die in der Therorie tätig sind. Die Praktiker sehen in jeder alltäglichen Situation eine riesengroße Herausforderung. Ein paar Lebensmittel einkaufen zu gehen ist für sie eine Aufgabe, der sie sich kaum gewachsen fühlen. „Es kann sein, dass ich das Falsche kaufe, dass der Preis der Sachen zu hoch ist, dass ich im falschen Geschäft einkaufe, dass mir unterwegs etwas zustößt." Jeder dieser Einwände ist für sie Wirklichkeit, und sie zerbrechen sich den Kopf darüber. Und bis sie ihr richtiges Labyrinth eingerichtet haben, sind sie dann handlungsunfähig.
Die theoretischen Komplizierer leiden nicht so sehr unter ihrer geheimen Leidenschaft. Sie spielen die Kompliziertheit der Welt nur in Gedanken durch. Wenn es ans Handeln geht, sind sie durchaus noch imstande, etwas zu tun. Sie glauben, es sich schuldig zu sein, alle Einwände zumindest zu kennen und durchdacht zu haben. Für sie ist das eine Frage der intellektuellen Redlichkeit. Es sind darum oft intelligente, studierte Leute, denen gerade ihre Intelligenz immer neue Argumente liefert, warum alles so kompliziert und unlösbar ist.
Es gibt böse Zungen, die sagen, dass Komplizierer sich durch ihre Art nur hervortun wollen. Sie würden so die Aufmerksam-

keit auf sich ziehen und sogar die, die ihnen zuhören oder die, die auf sie angewiesen sind, auf diese Weise manipulieren.
Ich kenne eine Kompliziererin, die aus jeder leichthin eingeworfenen Bemerkung in ein paar Sätzen etwas sehr Kompliziertes macht. Ich habe schon oft versucht, sie auf eine ganz einfache Weise anzusprechen, um ihr keine Chance zu lassen. Aber es gelingt mir nicht. In der fast genialen Findigkeit, die diesen Menschen eigen ist, gelingt es ihr jedes Mal, gerade in der Einfachheit das Komplizierte zu sehen und mich darauf hinzuweisen. Ich bin jedesmal wieder erstaunt und auch verärgert, aber dann weisen die Komplizierer nur pikiert darauf hin, dass sie lediglich die Komplexität der ganzen Sache nicht außer Acht lassen wollten. Man hat dann sogleich das Gefühl, ihnen dankbar sein zu müssen.
Wenn Komplizierer auf Vereinfacher treffen, gibt es ein richtiges Feuerwerk. Für die einen ist nichts einfach genug, für die anderen ist nichts kompliziert genug. Sollten sie versuchen einander

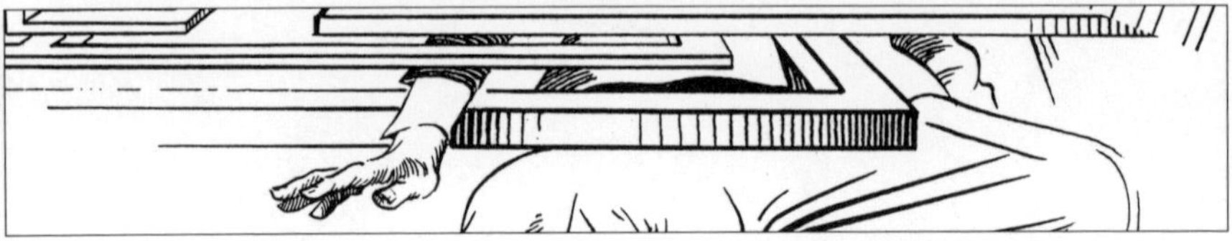

zu überzeugen, ist das ein hoffnungsloses Unterfangen.
Auch hier gibt es eine Gefahr, die für Laien kaum nachvollziehbar ist. Ein guter Labyrinther muss darauf achten, dass er noch lebensfähig bleibt, weil die Kleinigkeiten des Lebens ins Unermessliche wachsen können. Nichts ist dann mehr leicht, fast alles eine unüberwindliche Herausforderung.

Die Menschen haben Komplizierer nicht gerne um sich, weil sie anstrengend sein können. Das gilt besonders für die Komplizierer, die viel über die Komplikationen ihres Lebens reden wollen. Sie können gar nicht schnell und gründlich genug beschreiben, was sie als kompliziert ansehen und sie tun es mit einer Hingabe, die andern Angst macht. Sie selbst sind jedoch die ganze Zeit davon überzeugt, wichtige Arbeit zu leisten.
Zum Schluss das Zitat eines Weltmeisters über seine Berufung: „Wenn ich alles so annehmen würde, wie es ist und wie ich es im ersten Moment empfinde, dann wüsste ich, dass ich einem falschen Bild von der Welt nachginge. Ich muss also immer, soweit ich die seelische Energie dazu habe, hinter die Kulissen schauen und die komplizierten Zusammenhänge entschlüsseln – auch und gerade dann, wenn alles einfach aussieht. Das Einfache ist nur die Tarnung des Komplizierten. Es ist eine undankbare Aufgabe, weil wenige die Kompliziertheit der Welt in der Tiefe erkennen, wie ich es tue, aber einer muss sich opfern. Ohne meinen Beitrag wäre die Welt zu simpel."

VEREINNAHMER

Es gibt Vereinnahmer, die haben, vor allem wenn es Männer sind, einen prankenschlagartigen Humor. Sie legen einem die Hand auf die Schulter oder auch den Arm um den Rücken und fragen, ohne wirklich zu fragen: „Siehst du das nicht auch so?" Und ehe man etwas antworten kann, sind sie schon fortgefahren mit ihrer Geschichte, und man muss ihnen eigentlich dankbar sein, dass sie die Antwort nicht abgewartet haben, weil das nur Streit gebracht hätte.

Bei Vereinnahmern weiß man gewöhnlich, woran man ist. Sie sagen deutlich, wie sie die Welt sehen, und dass andere sie eigentlich auch so sehen sollten. Sie sind von sich selbst überzeugt, und oft gelingt es ihnen auch, andere zu überzeugen.

Eine Ausbildung ist für diese Berufung nicht so wichtig. Man kann eine Schule für Führer besuchen, um sich eine Grundausbildung zu verschaffen, auf der man dann später ganz autodidaktisch aufbauen kann.

Wichtig ist es, sich Gehör zu verschaffen. Das macht man am besten, indem man besonders leise und vorsichtig spricht, sozusagen hinter vorgehaltener Hand, weil die meisten Menschen Geflüstertes faszinierend finden. Sich so Gehör zu verschaffen, hat etwas äußerst Verzauberndes, weil kaum einer von uns den leisen Tönen widerstehen kann. Es stellt eine Art Vertrautheit her, nach der sich viele Menschen sehnen, und man kann diesen Ver-

einnahmern wirklich nicht widerstehen, denn wer wird schon gerne ausfallend?
Neben dieser leisen Art der Vereinnahmung gibt es auch die laute, überrumpelnde. Da setzt ein Vereinnahmer voraus, so überzeugend zu sein, dass sich ihm sicher niemand widersetzen will. Es gibt einfach keine andere Sicht der Welt als die seine. Vereinnahmer dieser Art benutzen oft ihren ganzen Körper bei der Arbeit und schüchtern so den Gegner ein. Körperliche Nähe kann bedrängen und so dann schließlich überzeugen. Ich habe schon beobachtet, wie Vereinnahmte für einige Augenblicke das Atmen einstellten, weil sie sich dem Vereinnahmer unterworfen hatten, oft ohne es wirklich zu merken. (Sozusagen hinter vorgehaltener Hand möchte ich fragen: Kann man gegen einen starken, auch lautstarken Vereinnahmer antreten? Kaum. Es sei denn, man ist selbst einer.)
Der Vereinnahmer soll hier nicht als bösartig verschrien werden, denn er hat ja nur das Beste seines Gegenübers im Sinn, und wir wissen schließlich alle, dass manche Menschen nicht kapieren wollen, was gut für sie ist, und somit geradezu auf Vereinnahmer angewiesen sind.
Es gibt bei den Vereinnahmern drei Grundgesetze. Man spricht von den drei großen „R": Raumbegrenzung, Rückbesinnungsverhinderung, und Reaktionsverunsicherung.
Durch die Raumbegrenzung erlauben sie ihrem Gegenüber nicht mehr in einem großen Raum zu leben, sondern nur noch in dem Raum, den sie als Vereinnahmer abgesteckt haben. Wenn man mit einem erfolgreichen Vereinnahmer zusammen ist, spürt man bald, dass man seiner Freiheit verlustig geht.

Rückbesinnungsverhinderung: Wenn wir etwas erleben, kehren wir meist zu uns selbst zurück und vergleichen das Erlebte mit dem, was wir sonst kennen und was bei uns Maßstäbe gesetzt hat. Der Vereinnahmer verhindert diese Rückbesinnung. Man kehrt nicht zu sich zurück, sondern sieht die Welt, wie der Vereinnahmer sie einem zeigt.
Reaktionsverunsicherung: Es gehört zum Erwachsensein, dass man gelernt hat, auf gewisse Situationen im Leben zu reagieren. Je reifer man ist, desto entspannter ist man auch in seiner Reaktion, weil man diese durch viel Ausprobieren entwickelt hat. Man ist in seiner Reaktion nicht mehr unsicher. Der Vereinnahmer versucht diese Sicherheit aufzulösen. Ehe man sich seiner Reaktion bewusst wird, drängt einem der Vereinnahmer schon seine Art zu

reagieren auf und erzeugt dadurch eine tiefe Verunsicherung. Wenn der Vereinnahmer zur lauten, distanzlosen Sorte gehört, kann man sich selbst kaum noch denken hören, wird still und spielt so dem Gegenüber in die Hände. Es gibt dann nur noch die eine zugelassene Reaktion – die des Vereinnahmers.
Je mehr ein Volk, eine Gruppe oder ein Einzelner von sich selbst überzeugt ist, desto häufiger treten Vereinnahmer auf. In Amerika gibt es pro hundert Einwohner 12 Vereinnahmer, in Deutschland 10 und in Ländern wie Dänemark und Schweden nur 5. Wobei in den Städten die Zahlen meistens höher sind als auf dem Land. (Es gibt die Theorie, dass das städtische Leben durch seinen Lärm und seine Enge die Ausbreitung des Vereinnahmertums begünstigt.)

VERGOLDER

Die Welt ist trotz ihrer Buntheit für manche Menschen ein armseliger Ort. Alles vergeht. Das Leben ist hart. Was ist der Mensch, dass du – und damit ist Gott gemeint – seiner gedenkst. Alles ist eitel. Der Mensch ist wie Gras und wie des Grases Blume. Die Liste von Sprüchen lässt sich beliebig verlängern.

Dagegen gibt es nur ein Mittel: Man muss das Leben vergolden. Über alles einen dünnen Goldfilm hauchen. Über Dinge, Menschen, Situationen, Gedanken, einfach über alles. Das heißt natürlich, dass der Vergolder sehr stark beansprucht ist, denn es bedarf einer ungeheuren Energie, allem einen neuen Look zu geben. Ein Beispiel: Eine wichtige Entscheidung im Leben sieht rückblickend wie ein Fehler aus. Der Vergolder besitzt die Fähigkeit, aus dieser falschen Entscheidung eine richtige zu machen, indem er sie vergoldet. Die Vergoldung verändert zwar die Entscheidung und ihre Konsequenzen nicht, aber jetzt wird nur noch gesehen, was denn Gutes daraus geworden ist. Die Tatsachen sind nicht so wichtig, sagt sich der Vergolder, sondern wichtig ist,

das Gold glänzen zu lassen. Der Vergolder würde auch nicht sagen, dass er eigentlich irgend etwas verändert. Er vergoldet nur das, was sowieso schon da ist.
Der Vergolder oder die Vergolderin (es gibt hier genau so viele Stellen für Frauen wie für Männer) braucht keine spezielle Ausbildung, wohl aber Übung. Die Umwandlung selbst ist nicht so leicht, denn das flüssige Gold haftet nicht an allem. Ein gewisser Blick für die Notwendigkeit des Goldes und zähe Ausdauer sind hier gefragt. Wenn das Gold abblättert, müssen das Objekt, der Gedanke oder das Ereignis immer wieder neu vergoldet werden. Irgendwann bleibt genug Gold haften und alles glänzt. (Als Zwischenlösung dazu gibt es die „getönte Brille". Sie ist allerdings verschreibungspflichtig. Die „rosarote Brille" verwandelt, ohne zu verändern. Wie wir etwas sehen, das bestimmt, wie wir empfinden. Es muss also nicht gleich vergoldet sein, sondern es reicht, wenn es „rosarot" aussieht.)
Es gibt ein neues Vergoldungsverfahren, eine Art Elektrolyse, bei der der Belag einer Sache erst chemisch verändert wird, damit er das Gold besser annimmt. Ein Gedanke, ein Mensch, ein Ereignis wird chemisch aufgeraut, bevor man ihm eine neue Gestalt gibt. Vergolder arbeiten meistens nicht mit reinem Gold. Das wäre zu

teuer. Sie verwenden Goldstaub in hoher Auflösung, man spricht dann von Goldhauch oder Goldnebel.

Vergolder haben einen Horror vor dem so genannten „Goldverfall". Manche nennen es „Entgoldung". Es hat Fälle gegeben, in denen alles Gold, ob es rein war oder nicht, von den vergoldeten Objekten abgeblättert ist. Plötzlich stand der Vergolder einer absolut un-goldigen Welt gegenüber. In einigen extremen Fällen hat dies zum Wahnsinn geführt. Bei milderen Fällen – etwa bei Berufsanfängern, die sich noch an die unvergoldete Welt erinnern konnten – waren Depressionen und Rückzugstendenzen die Folge. Die Profession des Vergolders ist also nichts, womit gespielt oder experimentiert werden sollte.

Unter Frauen gibt es viele „Vergolderinnen auf Zeit". Die Vergolderin auf Zeit entscheidet sich vorübergehend für diese Tätigkeit, die ihr durch einen Engpass in ihrem Leben helfen soll. Da mag es eine Situation geben, die schwer zu bewältigen ist, aber sie wird voraussichtlich in sechs Monaten oder in einem Jahr durch äußere Umstände behoben sein. Es gilt also nur, diese Zeit zu überbrücken – das Vergolden muss nicht so gründlich und permanent erfolgen. Ein Goldhauch auf Zeit reicht.

Aber es kann geschehen, dass sich die sechs oder zwölf Monate bis zur erwarteten Veränderung der Umstände unbegrenzt ausdehnen. Da trägt sich die Vergoldung dann ab, und eine neue Vergoldung wird erforderlich. Am Ende ist es sehr schwer, noch genau zu wissen, wie viele Goldschichten schon aufgetragen wurden. Alles trägt eine

Patina, die jederzeit abblättern kann. Die Gefahr, vor der Psychologen immer wieder warnen, ist, dass Vergolderinnen nicht mehr genau wissen, was vergoldet ist und was nicht, und dadurch im Leben die Orientierung verlieren.
Unlängst erschien ein Artikel über Vergolder in der Zeitschrift „Psychologie Morgen". In diesem kritischen Artikel wurde darauf hingewiesen, dass Vergolder ein instabiles Leben führen, weil sie den Vergoldungsprozess nie völlig in der Hand haben. Der Autor zählte unter anderem auch die Dinge, Situationen und Ereignisse auf, die sich gern gegen eine Vergoldung wehren und darum immer eine Gefahr für diesen Beruf bedeuten. Auch wies er darauf hin, dass Vergolder in einer Scheinwelt leben und mit ihrer Tätigkeit zu Täuschung und Illusion in unserer Kultur beitragen.
Vergolder sind oft mit Enthusiasten befreundet. Was die einen durch das aufgetragene Gold bewerkstelligen, erreichen die andern durch ihre bloße Begeisterung, die keine Grenzen kennt. Sie bilden eine starke Einheit, gegen die die Wirklichkeit keine Chance hat.

Der Retter hat es auf seine Weise leicht. Wenn er sich erst einmal für das Retten entschieden hat, entgeht ihm nichts und niemand. Jeder Widerstand wird überwunden, weil es eigentlich keine Menschen geben kann, die nicht gerettet werden wollen. Das ist jedenfalls die Meinung der Retter.
Der Hang zum Retter ist fast in einem jeden von uns zu finden. Hilfsbereitschaft gehört zur Selbstdefinition des Menschen. Es ist für viele die bevorzugte Art, Kontakt aufzunehmen und häufig genug die Vorform von Liebe. Wir tun etwas füreinander, weil der andere uns nicht gleichgültig ist und weil wir uns selbst dabei gut fühlen. Es gibt helfende Berufe: Krankenschwester, Pfleger, Therapeut, Priester, Pastor, Berater jeder Art, und in vielen anderen Berufen gibt es Aspekte, die die helfende Seite im Menschen fordern.

Aber ein Pfleger ist nicht automatisch ein Retter und eine Pastorin ist nicht automatisch eine Retterin. Dafür muss sich noch etwas anderes ereignen. Einfach ausgedrückt, wird bei einem Retter das Retten wichtiger als der Gerettete. Bei extremen Rettern wird der Gerettete als Mittel zum Zweck benutzt. Das geschieht langsam und über eine längere Zeit und wird darum auch oft von denen, die sich zu Rettern entwickeln, nicht bemerkt. Sie streiten es ab und sind sich der Veränderung in ihrem Leben nicht bewusst. Oder sie sind stolz auf diese Entwicklung und ideologisieren sie.

Generell wird der Beruf des Retters in verschiedene Kategorien unterteilt. Das Anfangsretten ist angenehm für Retter und Gerettete. Da verspürt einer den Wunsch, aus einer gewissen Liebe heraus etwas für jemanden zu tun, und tut es. Das kann dann auch zu einer echten Beziehung führen.

Das Durchschnittsretten ist auch immer mal wieder noch etwas, was wir alle betreiben. Vielleicht ist schon ein wenig zu viel Eifer dabei, aber es ist noch erträglich. Der so wichtige Faden zwischen Retter und zu Rettendem ist noch nicht abgerissen. Das Retten entsteht noch aus einer Beziehung, wenn auch hier schon manchmal untersucht werden muss, warum die Beziehung überhaupt zustande gekommen ist. Es gibt Retter, die die extremen Formen des Rettens noch nicht praktizieren, die aber eine Beziehung nur eingehen, um später einmal den Partner retten zu können. Sie bauen also ein „Rettungspotential" für die Zukunft auf, und es bedarf schon eines sehr wachen Bewusstseins, um zu merken, dass man irgendwann nur eine Medaille an der Brust eines Retters sein wird.

Fortgeschrittene Retter oder Extremretter können etwas Beängstigendes an sich haben. Sie kennen keine Kompromisse. Das ist nur möglich, wenn der Retter ganz überzeugt ist vom eigenen Weg und nur diesen gelten lässt. Je strenger eine Ideologie ist, desto mehr Retter wird sie produzieren, die sich dann alle auserwählt vorkommen. Exklusivität ist immer ein Zeichen der Extremretter. Ich kenne einen Retter, der sich überhaupt nicht mehr um den Menschen kümmert, den er retten will. Es geht ihm nur um seine eigene Tat und nicht um die Hilfsbedürftigkeit oder die Not des anderen. Auf Gedeih und Verderb – meistens mehr Verderb als Gedeih – drängt dieser Retter seinem Opfer etwas auf, was der andere gar nicht will. Das erinnert an die Zwangsbekehrungen, die Christen früher an Heiden vornahmen.

In Retterschulen, die es in Kirchengemeinden, Selbsthilfegruppen und fast überall, wo Menschen sich treffen, gibt, werden meistens die Kurse „Mitleid für Anfänger"und „Mitleid für Fortgeschrittene" angeboten. Da werden mitleidige Mienen geübt und der sprachliche Ausdruck von Mitleid wird getestet und erprobt. Es gibt eine schier endlose Sammlung von mitleidigen Sprüchen. Körperhaltungen sind am schwersten zu lernen, aber auch sie gehören zur Ausrüstung eines Retters. Da steht Mitleid im Zentrum, nicht Liebe. Wo das Mitleid frei wirken darf und sich selbst nicht auferlegt, das Gegenüber irgendwann auch zu lieben oder zu Selbständigkeit zu ermuntern, da wird aus dem Mitleidenden dann häufig der Retter.

In einem Retterkurs habe ich mal folgenden Spruch gehört: „Es ist besser, dem anderen zu erlauben, eigene Fehler zu machen, als ihn fehlerfrei das tun zu lassen, was ihm nicht entspricht." Ich überlege heute noch, was das wohl wirklich heißt. Auch steht der Spruch in einem seltsamen Widerspruch mit etwas, was mir bei Extremrettern schon oft aufgefallen ist. Sie scheinen den zu Rettenden nämlich manchmal geradezu zu fesseln und ihn unfähig zu machen, sich selbst zu retten. Dann ist ihre Rettung eine noch größere Tat. Dieser Vorgang hat mich schon einige Male unwillkürlich an ein Insekt erinnert, das sein

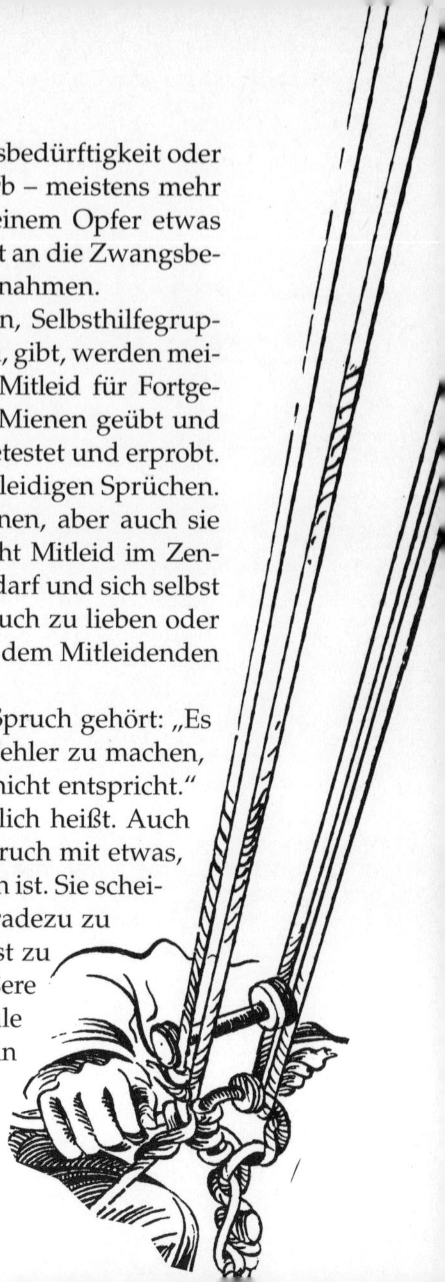

Opfer mit einem Schuss Gift lahmlegt, um dann frei über es verfügen zu können.
Ähnlich wirkt es auch, wenn Retter die Hilflosigkeit der Geretteten nicht verringern, sondern noch erhöhen, damit sie sie bei nächster Gelegenheit wieder retten müssen. Aber es ist hier wahrscheinlich auch so wie bei anderen Berufen: Man muss darauf achten, dass man sich selbst in der Ausübung seines Berufes nicht überflüssig macht. Wer Berufsretter sein will, muss auch dafür sorgen, dass es immer Hilfsbedürftige gibt.

GEDANKENENTSCHÄRFER

"Gedanken sind Sprengstoff" könnte ein geflügeltes Wort sein. Es könnte von Schiller oder von Kleist stammen, aber noch eher von Büchner. Gedanken sind gefährlich, weil sie Taten vorausgehen, und zwar Taten, bei denen etwas anderes geschieht als das Erwartete. Darum ist das Denken, besonders das Denken von neuen Gedanken, etwas sehr Gefährliches. So jedenfalls erleben es die, die die Sicherheit alter, bekannter Gedanken brauchen.

Innerhalb jeder Gesellschaft, jeder Institution, jeder Familie gibt es eine „Schule der richtigen und guten Gedanken". Die meisten Menschen neigen dazu, sich an die dort verkündeten Regeln zu halten. Aber dann gibt es immer welche, die sich dagegen auflehnen und die Regeln brechen. Durch ihr Verhalten, durch ihre revolutionäre Art, rufen sie sozusagen die Gedankenentschärfer auf den Plan. Diese müssen sich gegen die Verunsicherung, die von den Revolutionären ausgeht, wappnen. Da entstehen dann Sprüche und Ausrufe wie:

„Das ist aber gefährlich!!!" (unbedingt mit drei Ausrufezeichen)

„Wenn nun alle so dächten?"

„Wo kommen wir denn da hin?" (Das ist eindeutig eine Scheinfrage.)

„Vorsicht, Vorsicht!"

Übungsfeld für den Gedankenentschärfer ist die Stammrunde, das möglichst bunte Familientreffen, bei dem auf jeden Rücksicht genommen werden muss, die Sitzungen des Stadtrats und des

Kirchengemeinderats, oder die Versammlungen des „Vereins für radikale Erneuerung". Da meldet sich einer zu Wort und macht Vorschläge, die über den üblichen Rahmen hinausgehen. Was er sagt, ist den meisten aus dem Herzen gesprochen und alle spüren einen Zufluss an Energie aus einem ungeahnten Bereich. Es könnte etwas Neues entstehen! In diesem Moment meldet sich der Gedankenentschärfer zu Wort. Weil er gut geschult ist und seinen Beruf seit Jahren ausübt, hat er ein Gespür für die Gefährlichkeit der eben vorgetragenen Gedanken. Er beginnt nicht mit einem Frontalangriff, weil er die Konfrontation zutiefst scheut, sondern sagt zunächst etwas Bejahendes und zeigt Verständnis: „Ich finde den Gedanken an sich (der Begriff ‚an sich' verrät den Gedankenentschärfer meistens) gut und auch notwendig, und eigentlich für unseren jetzigen Stand unumgänglich (je stärker er seines Amtes als Gedankenentschärfer waltet, desto länger ist die Liste dessen, was er an diesem Gedanken alles gut, nobel und richtig findet) und möchte dem Sprecher danken für seine Einsicht. Aber (man muss sich das ‚A' von dem Wort ‚Aber' so groß wie ein Haus vorstellen – nichts von dem, was vor dem Aber da war, ist bei dem, was folgt, noch zu sehen) ich gebe zu bedenken, dass dieser Gedanke gewisse Gefahren mit sich bringt und nicht ganz so leicht durchzuführen ist, wie er gerade vorgetragen wurde."

Und dann beginnt der Gedankenentschärfer den Gedanken, den er gut, nobel und wichtig fand, systematisch zu demontieren. Es ist seine Taktik, in Millimeterschritten vorzugehen. Der Gedanke wird geringfügig umgewandelt. Und alle gehen mit. Es leuchtet

ein. Es ist doch gut, dass einer darauf achtet! Und wenn der Gedankenentschärfer diese Übereinstimmung spürt, geht er weiter und weiter, bis von dem ursprünglichen Gedanken nichts mehr übrig geblieben ist.

Ich habe Gedankenentschärfer beobachtet, die einen Gedanken auseinandernehmen wie eine Bombe, die, wenn sie nicht rechtzeitig entschärft wird, in den nächsten Augenblicken explodieren und alle um sie herum in den Tod reißen kann. Sie schneiden den roten Draht der Freiheit durch, dann den gelben der Leichtigkeit, dann schrauben sie den Zylinder der Neugier ab, heben die beiden Teile Selbstverantwortung und Mut auseinander, schneiden diesmal den grünen Draht des persönlichen Gewissens durch und legen dann lachend Schutzbrille und Schutzkleidung ab und geben bekannt, dass die Welt jetzt wieder sicher sei. Die Gedanken, die sie so entschärft haben, können nichts mehr bewegen. Sie sind harmlos. Sie berühren niemanden mehr.

Es gibt echte Meister im Entschärfen. Sie sind so gut, dass selbst der Urheber des Gedankens nicht merkt, dass sein Gedanke entschärft worden ist. Alles wirkt noch fast wie vorher. Aber nur „fast". Dem Gedanken wurde das Herz herausgeschnitten und durch ein künstliches Herz ersetzt. Der Gedanke besitzt keine Leidenschaft mehr.

Wenn man Gedankenentschärfer sucht und nicht genau weiß,

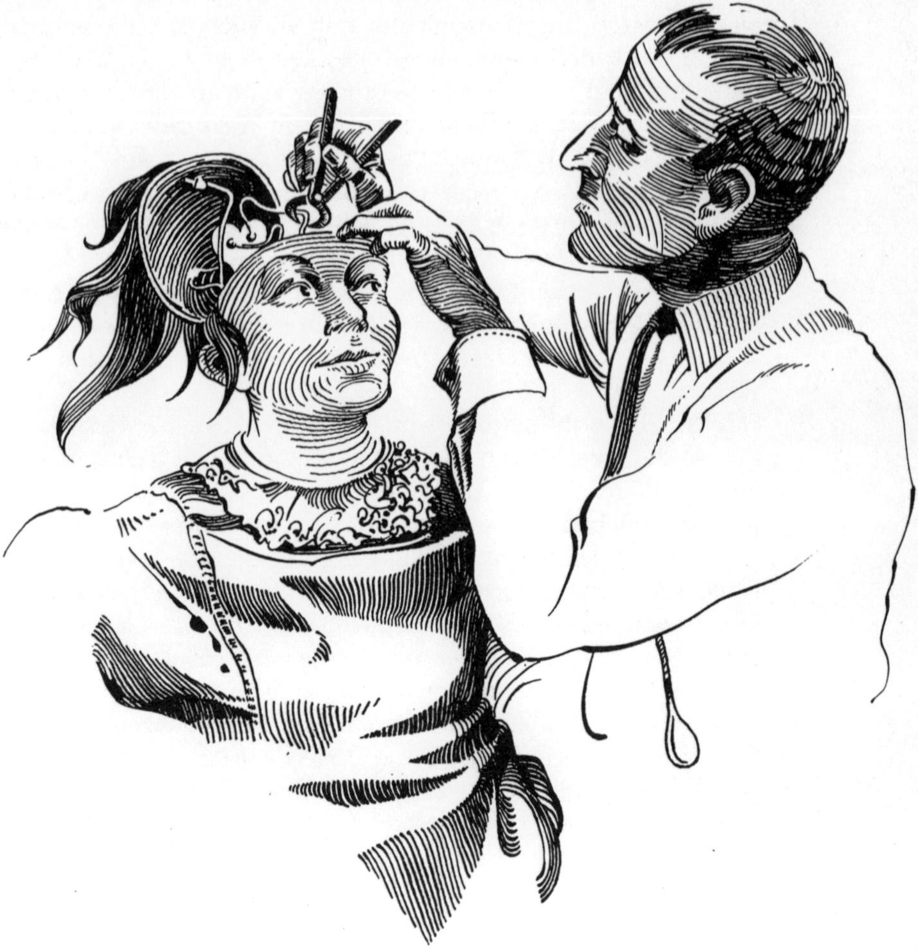

wie sie aussehen und wo man nach ihnen suchen sollte, braucht man sich nur nach einem langweiligen, mittelmäßigen Gespräch umzuhören. Ist man fündig geworden, weiß man, dass irgendwo, irgendwann ein Gedankenentschärfer am Werk gewesen ist. Sie hinterlassen Belanglosigkeit wie einen Fingerabdruck.

Gedankenentschärfer werden gern in der Diplomatie eingesetzt. Sie verbinden entgegengesetzte Seiten, indem sie erst der einen und dann der anderen Seite eine Veränderung vorschlagen. „Nichts wird so heiß gegessen, wie es gekocht wird“, sagen sie. Wenn beide Seiten dann am Ende nicht mehr genau wissen, was sie anfangs wünschten und wollten, dann können sie sich versöhnen.

Das Prinzip kehrt sich jedoch oft gegen seine Urheber. Oft sind es gerade die entschärften Gedanken, die auf lange Sicht gesehen noch größere Krisen heraufbeschwören als die Gedanken, die scharf geblieben sind. Wenn diese Krisen auftreten, sind die Gedankenentschärfer längst weitergezogen und betreiben ihr Handwerk woanders. Oder sie steigern sich, und es gelingt ihnen, auch die neue Krise durch feinste Rhetorik zu entschärfen. Wenn dies auf den allerhöchsten Ebenen stattfindet, kann es sein, dass niemand mehr wirklich den Durchblick hat, aber keiner es zugeben darf. Da treffen sich dann häufig die Gedankenentschärfer mit den Augenwischern und hoffen auf ein Menschenmeer von Ausblendern, denen sie sagen können, wie die Welt wirklich ist und was sie glauben sollen. Und kaum jemand ist ihnen gewachsen.

„Nein" zu sagen kann ein Beruf sein. Jeder von uns sagt mal Nein, aber das macht uns noch nicht zu Verneinern. Echte Verneiner sehen in ihrer Verneinung die Erfüllung schlechthin. Es geht ihnen nicht in erster Linie um das, was verneint wird. Die echten Verneiner empfinden es als kleinlich, sich über Inhalte zu streiten. Für sie ist es letztlich nicht wichtig, wie, wo und was sie verneinen, solange sie es nur tun. „Nein" ist ihr Motto. Verschränkte Arme vor der Brust oder demonstrativ erhobene Hände sind ihre Haltung. Heruntergezogene Mundwinkel und ein zynisches Zukken um die Nase sind ihr Gesichtsausdruck.

Verneiner haben begriffen, dass die Welt zur Hölle fährt. Sie mögen unterschiedliche Ansichten darüber haben, wie dies zu geschehen hat, aber sie sind sich einig, dass die Welt, wenn sie auf dem jetzigen Kurs bleibt, zur Hölle fährt. Mit ihrer Berufung oder Selbstberufung zum Verneinen meinen sie dieser Entwicklung Einhalt gebieten zu können. Sie sehen ihre Einstellung also ganz positiv und keineswegs als Akt der Verzweiflung. „Würde ich etwas so vehement verneinen", so bekam ich einmal von einem fortgeschrittenen Verneiner, den ich zu befragen wagte, zu hören, „wenn ich nicht glaubte, dass der Verfall der Welt aufzuhalten wäre?" (Am Ende muss man sich jedoch fragen, ob diese Leute mit ihrem Verneinen nicht selbst ein Teil des großen Problems der Welt darstellen.)

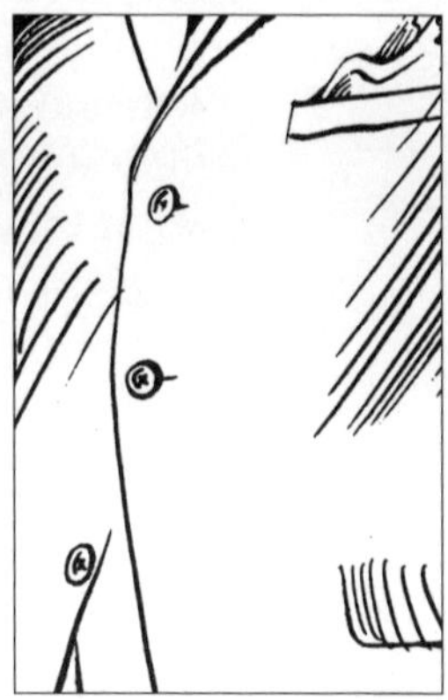

nein!

Auch bei diesem Beruf gibt es verschiedene Stilrichtungen. Es gibt den einfachen Verneiner. Wie ein Kind mit zwei oder drei Jahren „Nein" sagt, dabei vielleicht noch mit dem Fuß aufstampft und mit seinem Körper Abwehr ausdrückt, so verhält sich der einfache Verneiner, auch wenn er erwachsen ist. Man hat den Eindruck, als sei irgendwann in seinem Leben etwas schief gegangen und als habe er jetzt keine andere Wahl mehr, als alles negativ zu sehen. Es gibt keinen Lebensbereich, dem man diese Art Verneinung nicht beimischen könnte. Da macht einer nicht mit, in der Ehe, bei der Kindererziehung, in der Kirche, im Freundeskreis, beim Suchen nach neuen Wegen, beim Vergessen der Vergangenheit, beim Aufwachen, beim Loslassen, beim Vorwärtsgehen, beim Nachdenken. Da lässt einer ein Essen im Restaurant zurückgehen, weil es zu kalt ist, ein anderer, weil es nicht richtig gewürzt ist. Da weigert sich einer, für etwas zu bezahlen, was er bestellt hat. Da wird verklagt und vorgeworfen, verachtet und schlecht gemacht.

Dann gibt es die intellektuellen Verneiner. Es ist ihre Pflicht, alles und alle auf der verstandesmäßigen Ebene zu verneinen. Sie arbeiten mit langen Aufzählungen, was in unserer Welt alles nicht stimmt. Es ist unmöglich, ihnen ein Lob zu entlocken. Nicht geschimpft zu haben ist bereits genug gelobt. Alles zerfällt, alles ist korrupt, alles ist kapitalistisch verseucht, amerikanisch beeinflusst, kirchlich verschroben. Niemand, der klar denkt, kann in diesem ganzen Laden, den wir „westliche Kultur" nennen, noch mitmachen. Es ist Zeit, „Nein" zu sagen, vehement, laut, frech, durchdacht, geistig untermauert. Wer heute nicht „Nein" sagt, hat nichts begriffen. Und für alles haben sie eine Erklärung und einen Beweis. Verneiner verbinden diesen Beruf manchmal mit dem des Futurologen und werden dann oft als Schwarzseher tituliert. Doch das ist für einen Verneiner eine Auszeichnung, ein Beweis dafür, dass er ernst genommen wird.

Die dritte Kategorie der Verneiner sind Menschen, die ihr ganzes Profil aus der Verneinung gewinnen. Verneinen ist für sie nicht nur eine Haltung, mit der sie dem Leben begegnen, sondern sie sind sozusagen die Verneinung in Person. Weil sie intuitiv wissen, dass es eigentlich niemand mit ihnen aushält, geben sie sich fröhlich, pfeifen sozusagen im übertragenen Sinne ein nettes Lied und meinen, dadurch anders wirken zu können. Dann wieder versuchen sie intellektuell zu wirken, doch auch das gelingt nicht, weil sie die Verneinung einfach ausstrahlen. Sie verraten sich durch eine Sammlung von sich überkreuzenden Falten und heruntergezogenen Mundwinkeln. Mit ihrer Mimik drücken sie wahrhaft das Abraham-Lincoln-Wort aus, dass jeder ab vierzig selbst für sein Gesicht verantwortlich sei. Dagegen können sie selbst nichts ausrichten, und auch die plastische Chirurgie kann da nur selten weiterhelfen. Wenn sich das Herz nicht verändert – es müsste weiter werden –, dann hat das Gesicht keine Chance, und der ganze Mensch wird ein Ausdruck der Verneinung sein und von anderen auch so erlebt werden.

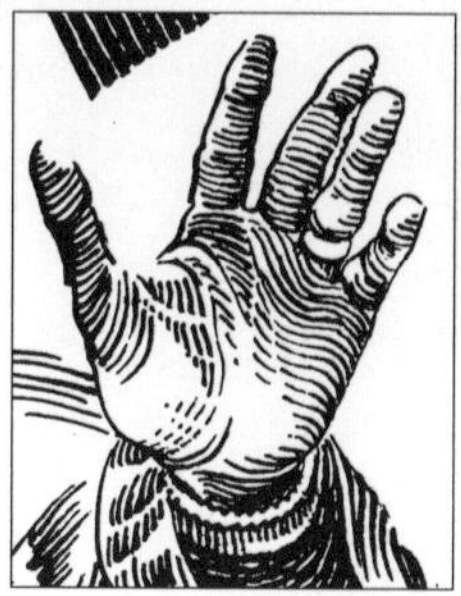

Dann gibt es noch die Ja-aber-Verneiner. Sie sind schwieriger zu durchschauen, weil sie ihre Einwände zunächst mit einem „Ja" beginnen. Sie täuschen Zu-

stimmung vor, aber das ist nur ein Trick. Dann legen sie alles Gewicht in das „Aber". Mit dem „Ja" halten sie sich die Tür offen, um sich dann mit dem „Aber" voll ins Gegenteil zu kehren.
Es gibt auch noch Verneiner mit Spezialgebieten. Die Verneiner im religiösen Bereich zum Beispiel machen häufig alles schlecht, was greifbar und fassbar ist und was zur Sinnesfreude der Menschen beiträgt. Sie machen das eine schlecht, um das andere dadurch in die Höhe zu heben. Ihr Gott ernährt sich von der Bösartigkeit der Menschen. Dieser Gott ist ein Spielverderber und die Verneiner eifern ihm nach. Es gibt die ideologischen Verneiner, die nur ihre Sicht der Welt gelten lassen. Alle anderen Menschen erscheinen ihnen unaufgeklärt, und es ist wichtig, sich nicht von ihnen einfangen zu lassen, sich gegen sie aufzulehnen und sie auf subtile Weise schlecht zu machen. Es gibt Verneiner, deren Haltung nationalistische oder rassistische Hintergründe hat. Für sie gibt es bessere und schlechtere Menschen und Rassen. Sie wissen, dass dies eigentlich in unserer Welt nicht mehr geht, aber sie versuchen dennoch in dieser Einstellung zu leben.
Für Verneiner gibt es fast überall einen Platz. Jede Gesellschaft scheint sie zu entwickeln und ihnen auch Beschäftigung zu gewähren. Sie werden für ihren Mut, alles zu verneinen, von vielen gelobt. Und von anderen werden sie gefürchtet, weil es schwer ist, in ihrer Nähe noch an einen Sinn im Leben zu glauben.

nein!

SCHULDFINDER Schuld ist uralt. Genauso alt ist das Bedürfnis, den Schuldigen zu finden. Das gilt beim zerbrochenen Spielzeug unter Kindern wie bei der Frage, wer den letzten großen Krieg begonnen hat und wer die Entwicklung der ganzen Welt blockiert. Den Schuldigen nicht zu finden lässt eine Sache auf unbefriedigende Weise unfertig sein. Darum muss alles eingesetzt werden, um seiner habhaft zu werden. Der Schuldfinder meint darum, mit seinem Beruf eine wichtige öffentliche Funktion zu erfüllen. Ohne ihn würde es keine Entwicklung geben. In jedem ehelichen Zweikampf gibt es einen Schuldfinder. Jeder politische Verlust erfordert einen Schuldfinder. In jedem Sportverein, in jeder Kirche gibt es einen Schuldfinder oder Schuldzuweiser.

Schuld ist eine Frage der Abrechnung. Schuldfinder haben deshalb immer eine mathematische Begabung. Sie rechnen auf, sie rechnen ab. Sie versuchen genau zu sein. Es geht ihnen um Klarheit, und diese Klarheit muss um jeden Preis erreicht werden. Es gibt zehn Grundregeln, an denen Schuldfinder sich entlanghangeln.

1. Traue keinem unter dreißig. Jeder hat Schuld.
2. Traue keinem über dreißig. Jeder hat Schuld.
3. Wer Schuld hat, wird immer versuchen, sie zu verbergen.
4. Wer Schuld verbirgt, vergrößert sie.
5. Schuld sollte nur vergeben werden, wenn der Schuldige sie in der Tiefe erfasst hat.
6. Es gibt keinen unrechten Moment, auf Schuld hinzuweisen.
7. Die Schuld beim andern zu sehen hilft, die eigene Schuld besser zu sehen.

8. Gott kennt den Schuldigen.
9. Der Teufel kennt den Schuldigen.
10. Den Schuldigen zu finden heißt, Recht zu sprechen.
Einige Erläuterungen zu den zehn Grundregeln:
Zu 1 und 2: Hier wird indirekt gesagt, dass wir alle schuldig sind. Manche sprechen dann von Erbschuld, von der grundsätzlichen Schuld des Menschen, die ihren Ursprung im Paradies nahm, als der Mensch sich gegen Gottes Gebot wandte. Es gibt keine kindliche Unschuld, keine Unschuld durch Unwissenheit. Schuldlosigkeit ist seit der Vertreibung aus dem Paradies ein Mythos.
Zu 3: Schuld macht ein schlechtes Gewissen, und darum werden Schuldige ihre Schuld immer verbergen. Der Schuldige scheut das Licht des hellen Tages. Er schämt sich.
Zu 4: Und weil der Schuldige das helle Licht scheut und sich im Dunkel bewegt, darum entstehen neue Probleme, die die Schuld noch vergrößern.
Zu 5: Diese Grundregel spricht den Gedanken der Reue an. Der Schuldige muss am Boden sein, er muss seine eigene Nichtigkeit sehen, sein verfehltes Leben erkennen, ehe ihm die Schuld vergeben werden kann.
Zu 6: Bei Schuld geht es um etwas so Elementares, dass es nie falsch ist, über sie zu sprechen. Das schulden wir einander.
Zu 7: Wer lernt, die Schuld beim andern zu sehen, lernt auch, sie bei sich selbst zu erkennen. Man muss einen Blick für die Schuld schulen.
Zu 8: Je nach Schuldfinder gibt es zu diesem Gedanken unterschiedlichen Auslegungen. Gott

kennt die Schuld des Schuldigen, heißt für die einen Schuldfinder, dass Gott den Schuldigen nicht mit seiner Schuld durchkommen lässt. Gott wird den Schuldigen ergreifen und richten, wenn er sich selbst nicht richtet und sich vergeben lässt. Es gibt aber auch Schuldfinder, die es etwas milder sehen: Gott kennt den Schuldigen und bietet ihm Vergebung an.
Zu 9: Dies ist als Warnung zu verstehen. Der Teufel ist der Urheber aller Schuld und versucht den Menschen noch tiefer in die Schuld hineinzureißen.
Zu 10: Dies ist für den Schuldfinder und den Schuldzuweiser der Höhepunkt: Es geht um das Recht, das überaus wichtige Recht. Ohne Recht ist die Welt ein Chaos. Wer Schuld findet, schafft Raum für das Recht. Dieser Beruf ist darum nicht nur ein willkürlicher oder zufälliger, sondern der Schuldfinder vertritt den Anspruch Gottes auf Erden. Schuld zu finden, heißt also, am Reich Gottes zu bauen. So sieht es der Schuldfinder im religiösen Bereich. Der Schuldfinder geht davon aus, dass Schuld eigentlich nur negativ ist. Schuld ist gegen Gott gerichtet. Hier liegt ihr Ursprung. Gott ist ein Gott der Gerechtigkeit.

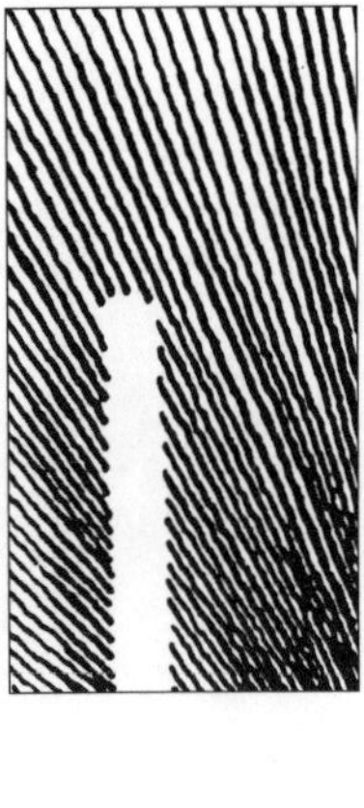

Ich habe Schuldfinder beobachtet, die so auf die Schuld fixiert waren, dass sie selbst in ihr untergegangen sind. Es ging ihnen wie dem Kaninchen mit der Schlange. Sie haben die Schuld so lange angestarrt, bis sie von ihr verschlungen wurden. Sie haben so lange andere beschuldigt, bis sie selbst schuldig wurden. Oder sie sind unfähig geworden, noch an der Schuld vorbei-

sehen zu können. Sie konnten nicht mehr den Menschen sehen, nur noch dessen Schuld. Die Schuld hat sie blind gemacht.
Schuldfinder leben nach Geboten. Sie kennen die Zehn Gebote, aber diese reichen ihnen nicht. Sie brauchen mehr. Im Stillen machen sie darum Listen mit neuen Geboten und Verboten. Wenn jemand gegen etwas auf diesen Listen verstößt, machen sie sich eine mentale Notiz. Sie beobachten, sie benoten, führen Buch und sprechen auch gelegentlich über die Schuld anderer. Wenn der Eifer sie packt, verurteilen sie auch – es ist wichtig, die Schuld beim Namen zu nennen. Schuld ist ihre Leidenschaft. Sogar gegen sich selbst können sie so hart sein, dass sie sich gewisse Dinge nicht vergeben.
Einer der gefährlichsten Gedanken, dem ein Schuldfinder überhaupt begegnen kann, ist die Vorstellung, dass es vielleicht überhaupt nicht um die Schuld im Leben geht, sondern um Wachstum. Schon diese eine Idee hat die Macht, diesem Beruf mit all seiner Leidenschaft und Unbeirrbarkeit den Boden unter den Füßen wegzuziehen. Plötzlich hätte der Schuldfinder kein Betätigungsfeld mehr und wäre nur noch ein kleinkarierter Schnüffler, der anderen am Zeug flickt und der selbst den großen Zusammenhang verpasst hat. Darum hält sich ein Schuldfinder den Gedanken des Wachstums oder auch einen anderen Gedanken, der den zentralen Gedanken der Schuld verdrängen könnte, immer vom Leib. Es geht um Schuld, sagt er sich, und die meisten Religionen scheinen ihm Recht zu geben.
Darum findet dieser Beruf auch die besten Chancen zur Aus-

übung im religiösen und pseudoreligiösen Umfeld. Da, wo es um letzte Dinge geht, wird oft von Schuld gesprochen. Wo der Mensch auf Gott stößt, meint der Mensch, über Schuld reden zu müssen. Das scheint schon immer so gewesen zu sein. Gibt es eine andere Möglichkeit?

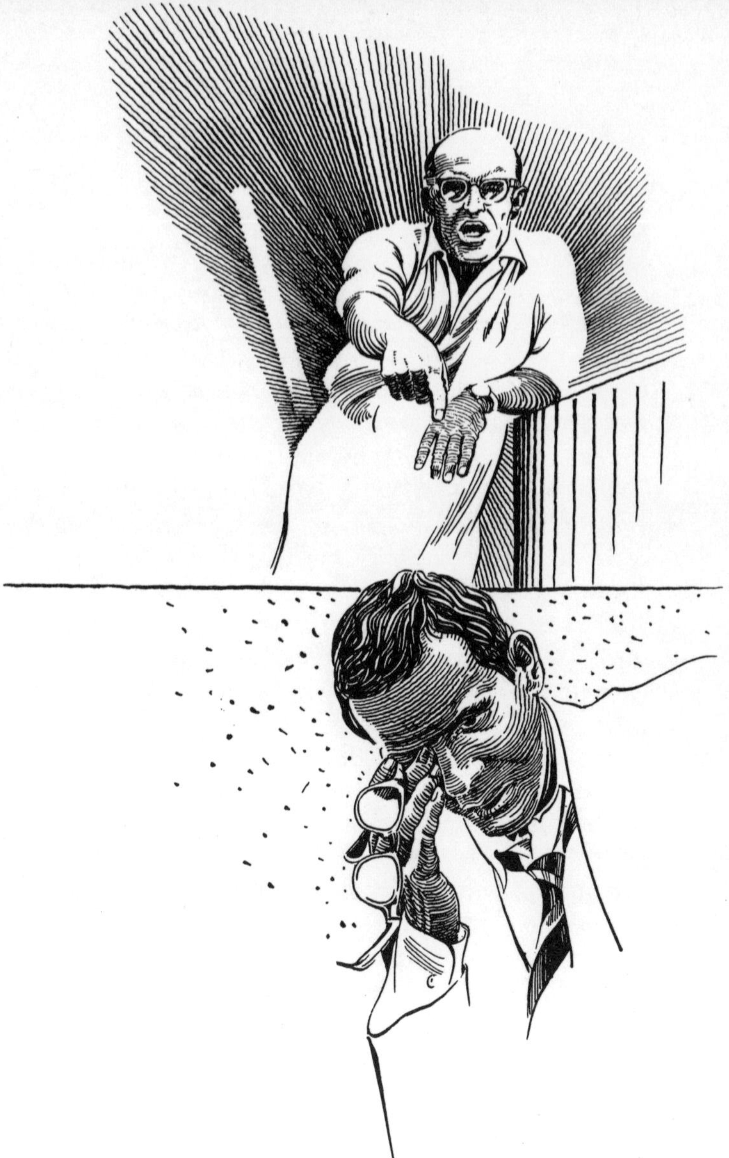

WARNER

Wir alle sprechen Warnungen aus. Etwas fällt uns auf und wir sagen es weiter. Dabei schlagen wir einen Ton an, der Vorsicht empfiehlt und vielleicht ein wenig Angst verbreitet. Aber das macht uns noch nicht zu Warnern. Uns ist es nicht gleichgültig, wenn sich unsere Freunde durch einen Fehler das Leben schwer machen. Es gehört zu unserem Miteinander und wir sind unseren Freunden ebenso dankbar, wenn sie uns vor etwas warnen, das für uns nicht gut wäre. Wir versuchen hilfsbereit zu sein. Wir sind besorgt und denken an den andern. Das macht uns noch nicht zu Warnern. Der echte Warner hat aus dem Warnen eine Karriere gemacht. Er warnt alle und jeden, ob es gewünscht wird oder nicht. Er findet auch immer etwas, wovor gewarnt werden muss. Die ganze Welt besteht aus Bedrohungen, Herausforderungen und Gefahren, und es ist des Warners besondere Aufgabe, auf all die Bedrohungen aufmerksam zu machen.
„Am 13. Mai geht die Welt unter."
„Unser Land kann nicht noch mehr Asylanten aufnehmen. Ich warne vor offenen Grenzen."
„Wenn Sie so weiterleben, kriegen Sie einen Herzinfarkt."
„Habt ihr schon gehört, in Brasilien soll man ein Gift gefunden haben, von dem ein Tropfen im Ozean die ganze Welt umbringt?"
„Wenn die so weitermachen, gibt es eine Katastrophe."
„Dieser Autor mit seinen Büchern ist ein Verführer. Ich warne euch alle vor ihm."

„Vor dem Gedanken möchte ich dich warnen. Er ist einfach gefährlich."
„Wenn Sie das tun, fahren Sie zur Hölle."
Der professionelle Warner besitzt die Fähigkeit, in jeder noch so positiven Sache eine Gefahr zu sehen und sich darauf zu konzentrieren. Das ist seine besondere Gabe. Er beachtet das Positive einfach nicht. Häufig sind Warner stark religiöse Menschen und glauben, sie hätten ihren Scharfblick von Gott geschenkt bekommen und seien verpflichtet, dieses Geschenk mit allen anderen zu teilen. Wer diesen Beruf besonders gut beherrscht, wird jedoch nie von Berufung sprechen, sondern immer von den Dingen, Gedanken und Menschen, vor denen er warnt. Die Welt ist gefährlich, sagt der Berufswarner. Und niemand mag sich da mit ihm auf eine Diskussion einlassen, denn wir wissen alle, dass er ja nicht völlig Unrecht hat.

Die stille, aber ausgeprägte Liebe des Berufswarners zum Negativen ist in manchen Fällen sogar eine Liebe zur Zerstörung und zum Untergang. Der Warner wird das natürlich nicht so sehen und schon gar nicht zugeben. „Es geht nicht um mich", wird er sagen, „sondern um das Wohl der anderen." Im Alten Testament findet man die Geschichte eines Warners, der sich so mit seinem Beruf identifiziert, dass er ganz enttäuscht ist, als die Zerstörung, vor der er gewarnt hat, nicht eintrifft. Jona warnt Ninive auf Wunsch Gottes. Eigentlich wollte er kein Warner sein. Er hat versucht sich zu drücken, aber gegen Gott hatte er das Nachsehen. Als er dann erst mal mit dem Warnen angefangen hatte, wurde es bald zu seinem Leben. (Vielleicht war es eine stille Rache an Gott, der ihn mit Sturm und einem

grossen Fisch zum Warnen gezwungen hatte.) Er wurde zum Berufswarner, und zu einem Berufswarner gehört einfach die Katastrophe. Ohne Katastrophe (und die muss nicht immer weltumspannend sein, das ruinierte Leben eines Einzelnen genügt) ist ein Warner nicht froh. Er braucht das Desaster, um weiterhin Macht zu besitzen. Ein Warner, dessen Warnungen nicht eintreffen, verliert nach einer gewissen Zeit seine Überzeugungskraft. Die Menschen trauen ihm nicht mehr. Dann muss er sich auf Warnungen verlegen, die ganz allgemein sind. „Die Welt wird immer schlechter." „Unsere christliche Kultur zerfällt." „Die Jugend hat keinen Respekt mehr" – das alles sind Behauptungen, die sich nur schwer wirklich beweisen lassen.

Von psychologischer Seite gibt es jetzt immer mehr Beweise dafür, dass der Warner der Wirklichkeit nachhilft. Self-fulfilling prophecy nennen es die Amerikaner – eine Prophezeiung, die sich selbst erfüllt oder gar vom Propheten selbst erfüllt wird. Durch seine Schwarzseherei und durch sein Kokettieren mit dem Negativen macht der Warner die Welt schwarz und negativ.

Dem Berufswarner geht es allein ums Warnen, um seine Rolle, um seinen Status als Warner. Ihm ist nichts lieber, als wenn jemand nach einer Katastrophe sagt: „Ja, wir hätten doch auf ihn hören sollen, er hat uns gewarnt." Dann reibt sich der Warner die Hände und ist zufrieden.

Die größten Warner aller Zeiten hat es im religiösen und politischen Bereich gegeben. Das liegt entweder am Öffentlichkeitscharakter dieser Tätigkeit oder an der Hörigkeit der Menschen. Da steht einer vorne und warnt mit Händen und Füßen vor allen, die anders sind als er, anders als diese Partei oder anders als „unsere" Idee. Alles Andersartige bekommt die Vorsilbe „un". Undeutsch, unwahr, unamerikanisch, unschweizerisch, unpatriotisch, unbiblisch, untreu, unprotestantisch, unkatholisch, unkorrekt, unecht, ungläubig. Dabei geht es meistens darum, dass der Redner weiß, was richtig ist, und alle anderen müssen es von ihm übernehmen. Seine Wahrheit ist von der Falschheit der anderen abhängig. Der Warner identifiziert den Feind. Und an einem anderen Ort, hinter einem anderen Mikrofon warnt vielleicht ein anderer Warner vor dem ersten Warner und seinen Ideen, und so fort.

Die Zuhörer sind oft begeistert, weil sie endlich die Welt so einfach haben, wie gewünscht. (Es geschieht auch häufig, dass sich ein Warner mit einem Vereinfacher zusammentut. Diese beiden Berufe ergänzen einander.) Natürlich hilft dem Warner auch sein Stil, um Popularität zu erlangen. Feurige Augen, eine schnelle, maschinengewehrartige Sprache, kraftvolle Gestik, statistische Beweise, historische Präzedenzfälle, Zitate aus heiligen Schriften – das alles hilft dem Warner, überzeugend zu sein. Recht eindrucksvoll ist auch der Warner mit langem Gesicht und Weltuntergangsmiene. Das ist der existentielle Warner, der von dem Gewicht seiner Botschaft erdrückt zu werden scheint. Hier wird unser tiefer, stiller Glaube an den Zerfall und die Zerstörung angesprochen. Wir sagen uns dann: „Das habe ich doch schon immer gewusst, und jetzt sagt der das auch. Da muss etwas dran sein!"

Nachrichtenschreiber, Fernsehevangelisten, Futurologen müssen etwas von einem Warner in sich tragen, wenn sie in ihrem Beruf erfolgreich sein wollen. Ihre Hörer und Zuschauer können sich angesichts der Katastrophen, über die berichtet wird oder die vorhergesagt werden, glücklich schätzen, dass ihr Leben relativ unbehelligt abläuft. Wenn wir etwas Schönes hören, merken wir, dass es uns noch an Glück fehlt. Wenn wir vom Unglück hören, merken wir, dass es uns doch ganz gut geht. Psychologen meinen darum, jede Gesellschaft brauche ihre Warner.
Den öffentlich bekannten Berufswarnern können wir uns entziehen, wenn wir wollen. Aber die Warner leben ja direkt unter uns. Sie sind in unserer Familie, unter unseren Verwandten zu Hause. Da gibt es Formulierungen wie: „Du, das würde ich nicht tun", „Sei vorsichtig" oder „Das wird nicht gut ausgehen." Harmlose Sätze, die doch manchmal nicht so harmlose Konsequenzen haben. Dagegen können wir uns nur durch eine ehrliche Liebe zum Leben schützen.

SCHWEIGER

Das Schweigen ist eine der beredtesten Sprachen, die wir haben. Es gibt so viele Arten zu schweigen, wie es Schweiger gibt. Wenn Schweigen zwischen den Worten entsteht, als Zäsur und Kontrapunkt, die einen Rhythmus herstellen, ist das eine Sache. Wenn es aber zu einem Beruf wird, bei dem es nicht um das Schweigen geht, sondern um das, was mit dem Schweigen erreicht werden soll, dann ist das eine ganz andere Sache.

Ich spreche hier nicht von Berufsschweigern, wie es auch die Trappisten sind, die sich als Dienst an Gott und Menschen die Pflicht auferlegen, nicht zu reden. Sie sind mir sympathisch, weil sie mit ihrem Schweigen für mich und nicht gegen mich zu agieren scheinen. Von ihrem Schweigen geht kein Druck aus. Ich rede auch nicht von Stummen, die nicht sprechen können. Aber es gibt Schweiger, die sich für das strategische Schweigen entschieden haben, um mit ihrem Schweigen zu erpressen. Sie haben irgendwo gelernt, dass Schweigen lauter sprechen kann als alle Worte. Auch ein missverständliches Schweigen ist ihnen häufig lieber, weil es den Druck und die Verunsicherung des Hörenden (ja, Schweigen ist durchaus gut zu hören) noch erhöht. Schweiger wissen, dass die Fantasie größere Schrecken produzieren kann als Worte.
Früh übt sich, was ein guter Schweiger werden will. Da gibt es das

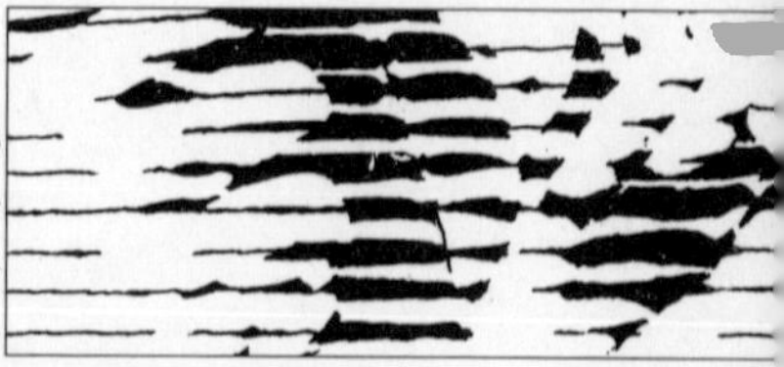

bockige Schweigen, das hilflose Schweigen, das Schweigen als Trumpf, das Schweigen aus Verletzung, das Schweigen als Affront und das Totschweigen. Jedes muss gelernt und richtig eingesetzt werden. Am schwersten zu lernen ist das so genannte „Prägnanzschweigen", das wie ein Fausthieb in die Magengegend trifft. Da wird der ganze Schweiger zum abgrundtiefen Schweigen, das alles Glück und jeden freiheitlichen Gedanken verschlingen kann.

Wichtig ist, dass man nicht nur selbst die verschiedenen Schweigestile übt, sondern dass man auch die andern trainiert, auf das Schweigen einzugehen. Zum erfolgreichen Schweigen braucht man immer wenigstens zwei Menschen: einen, der schweigt, und einen anderen, der über das Schweigen und seine Hintergründe fantasiert oder sogar unter dem Schweigen leidet. Schweigen ist keine Tätigkeit, die man allein ausübt. Wenn niemand das Schweigen hört (oder im weitesten Sinne wahrnimmt), dann ist es, als sei nicht geschwiegen worden.

Schweiger erzielen ihre größten Erfolge oft auf der zwischenmenschlichen, ganz privaten Ebene. Öffentliches, groß angelegtes Schweigen bringt nur wenig. In der Geschichte hat es meines Wissens niemanden gegeben, der durch Schweigen ein Volk geleitet oder verleitet hätte. Es gibt natürlich das kollektive Schweigen von Regierungen zu wichtigen Ereignissen, das eine große Wirkung haben kann. Aber in der Regel ist es eine Kleinkunst, ein persönlicher Beruf, der einerseits jedem offen steht und der doch eine fast unbegrenzte Wirkung haben kann.

Am interessantesten war für mich, das Schweigen in Familien zu beobachten. Hier liegt das hauptsächliche Betätigungsfeld für Schweiger. Etwas geschieht, und es müsste von allen Familienmitgliedern eine Reaktion erfolgen. Aber wie aus einer anderen Wirklichkeit kommend, senkt sich ein Schweigen auf das Geschehnis. Die Schweiger in der Familie bestimmen die Atmosphäre. Sie reagieren nicht auf das Ereignis, sie ärgern sich nicht, sie rufen nicht laut, sie sprechen nicht leise, sie tun so, als sei nichts geschehen, und das Schweigen beginnt sich auszudehnen. Es ist wie eine Macht im Raum, die es auch den Nicht-Schweigern schwer macht, noch zu reden. Die Worte ersterben ihnen auf den Lippen, und die Schweiger sind in ihrem Element. Es ist dabei nicht ganz klar, ob sie sich am Schweigen selbst erfreuen oder ob etwas anderes sie motiviert. Es gibt Schweiger, die versuchen mit ihrem Schweigen eine Art Gewicht zu schaffen. Sie schweigen nicht, um etwas in der Welt zu vertiefen oder um heilsame Stille zu erzeugen, sondern um zu beschweren.

Eine natürliche Begabung zu diesem Beruf haben die Menschen, die in dem Gefühl leben, nicht genug geliebt zu sein. Sie warten auf Liebe. Und der Wartende trägt oft schon den Schweiger in sich. Eine Katastrophe ist es allerdings, wenn ein Schweiger auf einen Wartenden trifft, es sei denn, dieser ist in seinem ganz geheimen Drittberuf vielleicht Märtyrer, der alles aushält und sich dabei sogar ein wenig wohl fühlt.

Der Schweiger muss auch früh die passende Körpersprache erlernen. Manche verstärken ihr Schweigen

durch eine entsprechende Miene. Meistens sehen sie ernst oder traurig drein und stellen so ihr Gesicht in den Dienst des Schweigens. Die auffallendste Haltung ist eine Art Abwenden des Körpers. Der Schweiger mag dem Gegenüber noch zugewandt sein, aber innerlich hat er sich bereits abgewandt und richtet sich nicht mehr an andere Menschen. So gelingt es dem Schweiger, andern das Schweigen nahe zu legen oder auch aufzudrängen. Weil wir im Gespräch, um weiterreden zu können, auch jemanden brauchen, der uns gegenübersteht, verschlägt es uns die Sprache, wenn wir einem Schweiger begegnen, und am Ende schweigen wir auch. Sehr beeindruckend wirkt es, wenn ein Schweiger sogar noch redet, aber eigentlich dabei schon schweigt. Er redet schweigend oder schweigt beredt. Die Worte hängen bedeutungslos in der Luft und niemand fühlt sich für sie verantwortlich. Der Redende gibt seine Seele nicht in die Worte, und so bleiben sie leere Hülsen, die Angst machen. Andere Aspekte der Körpersprache sind Unbeweglichkeit in den Armen beim Sprechen und ein gesenkter oder ein in die Ferne schweifender Blick.

Schweiger finden überall Arbeit. Und wo sie nicht direkt angestellt werden, finden sie über andere Schweiger Zugang zu Betätigungsfeldern. Viele von ihnen arbeiten in kirchlichen Einrichtungen und versuchen dort das Schweigen als etwas zu stilisieren, das mehr Spiritualität besitzt als das Reden. Sie geben zu

verstehen, dass Gott auf der Seite des Schweigers sei. Sie verkörpern das Schweigen Gottes.
Schweiger leiden unter ihrem Schweigen oder unter der Abneigung, die manche Menschen Schweigern gegenüber hegen. Viele Schweiger kommen aus Familien, in denen sie mit ihren Worten nichts bewirken konnten. Man überhörte sie oder belächelte sie schon als Kinder. So wurden sie immer schweigsamer und merkten dabei, dass ihr Schweigen durchaus auch eine Wirkung besaß. Oder sie kommen aus klassischen Schweigerfamilien, in denen schon die Urgroßmutter oder der Großvater, vielleicht sogar der Vater, Onkel und die Mutter große Schweiger waren, die aus dem Schweigen eine „Kunstform der Manipulation" (so der Titel eines im vorigen Jahr zu diesem Thema erschienenen Buches) gemacht haben. Es ist dann leicht, diese Ausdrucksform zu übernehmen. Schweiger haben oft Schweiger als Kinder oder als Enkelkinder. Man spricht dann vom „Stil des Hauses" oder vom „vererbten Schweigen". Fortgeschrittene Schweiger, also solche, die von der hohen Kunst des Schweigens schweigen, können mit ihrem Schweigen die Atmosphäre einer ganzen Familie bestimmen.
Extreme Schweiger können schweigesüchtig werden. Sie sehen, wie zerstörerisch ihr Schweigen ist, weil es Offenheit und Direktheit verhindert, aber sie finden es sehr schwer, ihr eigenes Bedürfnis, zu schweigen, zu unterdrücken. Sie brauchen die Schwere, die durch das Schweigen entsteht, wie eine Droge.

„Das kenne ich."
„Mir geht es genauso."
„Das habe ich auch schon gedacht."
„Das sehe ich auch so."
„Sie sprechen mir aus dem Herzen."
Nicht jeder Anempfinder gebraucht diese Ausdrücke. Manche drücken ihr Anempfinden anders aus, vielleicht etwas subtiler. Aber bei allen hat der so Angesprochene im ersten Moment das Empfinden, verstanden zu werden. Hier ist jemand, der weiß, was er gerade erlebt oder denkt. Aber oft ist dieses Empfinden nur von kurzer Dauer. Schon bald stellen sich Zweifel ein: Werde ich wirklich verstanden, oder sagt der andere das nur?
Es kann auch passieren, dass sich so Angesprochene gleich wehren, weil sie intuitiv spüren, dass jemand hier nur anempfindet. Das kann dazu führen, dass der Anempfinder sich besonders ins Zeug legt. Er greift in sein Beteuerungskistchen und holt Sprüche hervor, die so echt empfunden wirken, dass sie überzeugen.

Wenn sich dieses Spiel von Solidarisierung, Zweifel und gesteigerter Beteuerung mehrmals wiederholt, kann der Sieg des Anempfinders kaum mehr in Zweifel gezogen werden. Irgendwann traut sich der Mensch, der dem Anempfinder gegenübersteht, nicht mehr, die Anempfindung des andern abzulehnen. Es fällt ihm immer schwerer,

an der Echtheit des anderen zu zweifeln, und er lehnt die anempfundene Nähe nicht mehr bewusst ab. Doch in seinem Innern gibt es immer noch ein Unwohlsein, das keine Beteuerungen auslöschen können. Aber er gibt sich geschlagen. Dem Anempfinder ist es geglückt, eine Solidarität herzustellen, zu der der Betroffene stehen muss. Er muss akzeptieren, dass sie beide Brüder sind, ob er sich nun so fühlt oder nicht.

Der Anempfinder ist ein Beruf für Einsame oder für Gefühlsarme. Der einsame Mensch, der seine Einsamkeit nicht mag und sich von ihr gefangen fühlt, sucht nach Auswegen. Wenn die Einsamkeit zu stark ist, dann ist ihm fast jede Form der Flucht recht. Anzuempfinden ist einer der Wege zum anderen Menschen. Dabei geht es nicht so sehr um den andern, auch wenn das zunächst so wirken mag. Empfindungsarme fühlen weniger, und wenn sie etwas fühlen, wissen sie nicht so recht, was es eigentlich ist. Das Gefühl macht etwas mit ihnen, nicht umgekehrt. Vielleicht überfällt es sie, und sie wissen sich nicht zu helfen. Vielleicht haben sie ein Gefühl, aber kein Wort, keine Beschreibung dafür. Für sie ist es darum wichtig, sich an die Gefühle anderer anzuhängen. Plötzlich wissen sie, was sie fühlen. Sie sind sogar nicht mehr allein mit ihrem Gefühl, sie haben einen Bruder, eine Schwester. Eine Solidarität ist entstanden und man kann das Leben gemeinsam angehen. Diese Menschen verstehen ihre Solidarität auch als einen Akt der Liebe. Der Anempfinder verschenkt mit Sätzen wie den obigen seine Zuwendung, für die aber jeder auch dankbar zu sein hat. Man findet immerhin nicht

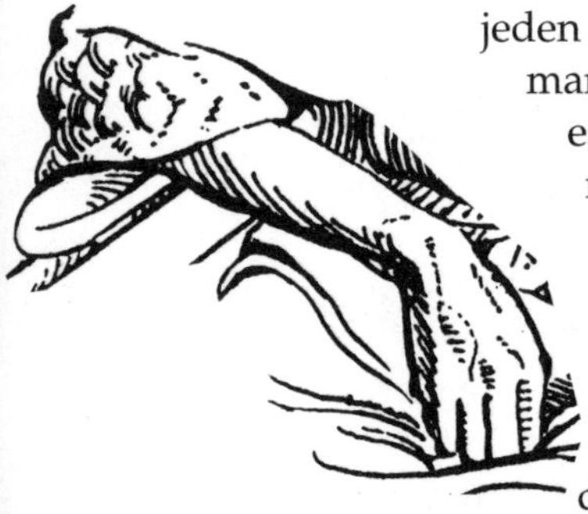

jeden Tag einen Menschen, der die Sache so sieht wie man selbst, und der alles auch so empfindet wie man es selbst im tiefsten Innern empfunden hat. Dafür muss man dankbar sein. Kurz gesagt: der Anempfinder erlebt sich selbst als einen Menschen, der schenkt.

Natürlich birgt dieser Beruf Gefahren, die nicht so offensichtlich sind wie etwa beim Abenteurer, beim Autorennfahrer oder beim Ministerpräsidenten, die aber dennoch nicht zu unterschätzen sind. Der Anempfinder läuft Gefahr, sich selbst zu glauben. Er sagt einen der eingangs aufgeführten Sätze und glaubt ihn. Damit nimmt er sich die Möglichkeit, die Aussage des Satzes wirklich zu erleben, so zum Beispiel das Gefühl, mit dem er sich konform erklärt. Hat er erst einmal gesagt, dass er das und jenes kenne, dann braucht er es gar nicht mehr kennen zu lernen. Er läuft Gefahr, sich selbst voraus zu sein, weil er meint, er müsse das sein, wenn er Wertschätzung erlangen wolle. Wir meinen, dass wir den andern verstehen müssen und sehen es als einen Mangel an, wenn uns das nicht gelingt. Wir verstecken unser Unvermögen, indem wir vorgeben zu verstehen. Darum erlebt der Beruf des Anempfinders von Jahr zu Jahr eine fast gleichbleibende Blüte. Wir sind eine Kultur von Täuschern (ein verwandter Beruf), und ein guter Täuscher zu sein heißt, in der Kultur voranzukommen. Anders ausgedrückt: Der Beruf des Anempfinders läuft Gefahr, sich immer mehr zu verselbständigen und dann nicht mehr Mittel zum Zweck, sondern Selbstzweck zu sein. Das Anempfinden füllt dann das ganze Leben aus. Die Verwechslung kann aber nahezu tragische Folgen haben. So ist manch ein Anempfinder plötzlich aus seiner Traumwelt aufgetaucht und hat festgestellt, dass er unendlich einsam ist, weil er doch nicht bei andern lebt und nicht wie sie empfindet. Das ist dann sehr schwer zu verkraften.

Ein zweite Gefahr für den Anempfinder ist der Verlust echter eigener Gefühle oder die Unfähigkeit, zwischen eigenen und anempfundenen Gefühlen unterscheiden zu können. Gefühle sind wie Muskeln: Sie wachsen mit dem Training, auch ihre Differenziertheit wächst mit der Übung. Wer seine Gefühle vernachlässigt und sich nur an die Gefühle anderer anhängt, sozusagen Huckepack mitgenommen wird von den differenzierten Gefühlen anderer, dem wird seine eigene Gefühlswelt mehr und mehr verloren gehen, und er wird es gar nicht merken, weil die Anempfindung ihn täuscht.

Eine dritte Gefahr erlebt der Anempfinder durch die Ablehnung, die dieser Beruf oft erfährt. Es gibt Menschen, die einen sechsten Sinn für Echtheit haben und darum einfach nicht zu täuschen sind. Sie entlarven den Anempfinder, indem sie sich auf keine Verbrüderung oder Nähe einlassen. An ihrer Härte leidet der Anempfinder dann und glaubt sich sein Leiden auch.

Er kann nicht verstehen, warum man ihn ablehnt und versucht immer wieder, den anderen zu gewinnen. Ich habe aber auch schon erlebt, wie Anempfinder dann ganz plötzlich auch hart werden und alles andere als Nähe herstellen. Sie fühlen sich abgewiesen und erwidern ebenfalls mit Abweisung.

Das Glück des Anempfinders ist, dass er überall Brüder und Schwestern findet. Er ist nie allein. Sobald jemand etwas sagt, weiß er, dass er sich unter Verbündeten befindet. Eine Saite in ihm wird angeschlagen. Er fühlt Sympathie, Zugehörigkeit, Vertrautheit. Die Welt erscheint ihm wie ein Dorf, in dem jeder sich kennt. Besonders geeignet für diesen Beruf sind Menschen, in denen selbst wenig passiert. Sie müssen nicht erst ihre eigene innere Welt überwinden oder hintanstellen, sondern die Welt anderer trifft in ihnen auf eine Leere, die sie nur allzugern ausfüllen möchten. Es ist also das, was fehlt, was den Menschen zu einem Kandidaten für diesen Beruf macht.

Es gibt für den Beruf des Anempfinders keine formale Ausbildung. Bisher existieren keine spezifischen Kurse über das Anempfinden an Schulen oder Universitäten, obwohl in Amerika die ersten Versuche in diese Richtung bereits unternommen werden. An einem College in Los Angeles gibt es seit dem Sommersemester 2000 einen Kurs mit dem Titel: „Die Kunst, Ja zu sagen: Beipflichten als Lebensform."

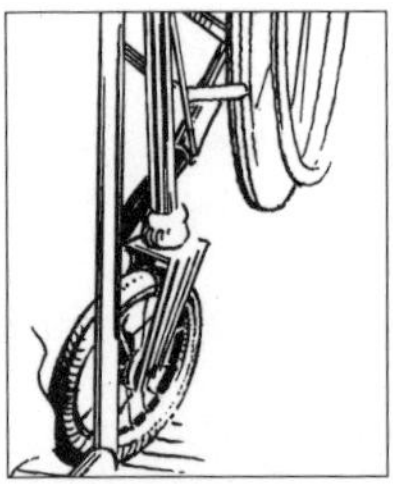

Anempfinder sind nicht von andern Menschen zu unterscheiden. Wenn sie überhaupt auffallen, dann höchstens durch ihre Körperhaltung. Ein Anempfinder scheint sich dem Gegenüber, wenn jener spricht, stärker zuzuwenden, sich zu ihm hinüberzulehnen und dabei meistens zu nicken. Gute Anempfinder verfügen über ein großes Repertoire an Nickbewegungen. Dabei gilt es, das Nicken nicht übertrieben zu gestalten, weil es dann unglaubwürdig wird. Das zustimmende Nicken muss mit einer fragenden Haltung gepaart sein, damit der Anempfinder mit sei-

nem Nicken nicht den Eindruck erweckt, schon alles zu verstehen. Auch ist die fragende Haltung eine Einladung zum Weiterreden. Dem äußeren Nicken muss ein inneres vorausgegangen sein.

Wichtig ist es auch, den "einladenden Blick" zu entwickeln. Unser Blick, unsere Augen können einen Menschen einladen oder abstoßen, ermuntern oder verunsichern, hervorlocken oder erschrekken. Der Anempfinder muss darum seine Mimik und Gestik so gestalten, dass ständig eine Einladung, sich mitzuteilen und offen zu sein, an den anderen ergeht. Profis kombinieren das Nicken und den einladenden Blick auf eine Weise, die sie für Menschen, die nach Verständnis suchen, unwiderstehlich macht. Es will gut überlegt sein, ob man diesen Nebenberuf ergreifen möchte. Die positiven Rückmeldungen, etwa, wenn ein Mensch sich verstanden fühlt, können sehr beglückend sein. Der Anempfinder erlebt diese Reaktionen als sinnspendend. Aber das Element der Selbsttäuschung darf beim Ergreifen dieses Berufes nicht unterschätzt werden, und auch die Ablehnung, der ein Anempfinder schon mal ausgesetzt sein kann, verlangt eine dicke Haut.

Es gibt den ehrenwerten Beruf des Lehrers. Ohne ihn wäre unsere Gesellschaft kaum denkbar. Unendlich viel verdanken wir unseren Lehrern, in der Grundschule, an der Universität, in Berufsschulen, in Kursen, Seminaren und Büchern. Sie stehen uns zur Seite und helfen uns weiter.
Ich möchte hier aber über eine andere Art Lehrer reden. Darum habe ich es anders geschrieben. Es ist der Lehrer, der sich immer

als Lehrer sieht, ob man ihn nun als einen solchen wünscht oder nicht. Der Lährer hat keine feste Anstellung, sondern hat sich selbst ernannt. Hinter der Haltung des Lährers steht ein Selbstverständnis, das für Nicht-Lährer schwer zu verstehen ist. Da ist einer, der meint, er müsse immer unterrichten, ganz gleich, wo er

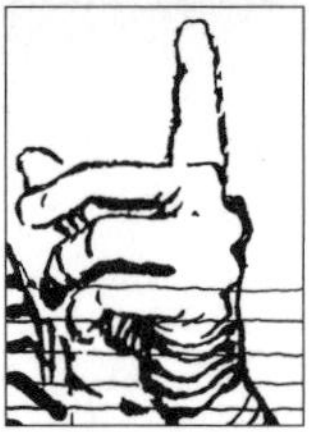

sich befindet. Er schlägt einen Ton an, von dem er meint, er müsse gehört werden. Er sucht und findet ein Klassenzimmer und nichts wird ihn davon abhalten. Der Lährer leidet an Überheblichkeit. Er ist so von sich selbst überzeugt, dass er andere belehren muss, um sich selbst und ihnen etwas Gutes zu tun.
Es gibt die Lährer, die immer weit ausholen und sich nicht unterbrechen lassen. Das kann für die Zuhörer sehr anstrengend sein. Vielleicht haben sie eine Sache längst verstanden, aber der Lährer meint dennoch, alles noch einmal erkären zu müssen.
Besonders häufig wird dieser Beruf bei Ehepaaren ergriffen. Einer von beiden ist ein Lährer, und der andere ist der mehr oder weniger willige Schüler.
„Das möchte ich dir mal erklären!"
„Darf ich auch mal was sagen." (ohne Fragezeichen)
„Das ist so..."
„Hört mal alle gut zu."
So wird aus einer Partnerschaft eine Beziehung mit Gefälle. Einer weiß alles besser und der andere lässt das Belähren über sich ergehen.
Der Lährer arbeitet viel mit Körpersprache. Er wartet auf eine Lücke im Gespräch, rückt dann im richtigen Moment einen halben Schritt vor, hat vorher schon etwas tiefer Luft geholt und wirft sich nun mit seinem ganzen Gewicht in das Gespräch. Er hegt die Überzeugung, dass nun die dringend notwendige Zusammenfassung, die alles klären wird, von ihm kommen muss.

Alles, was bisher gesagt wurde, war eine Art Präludium. Der Lährer trägt dann auch eine Miene, die den andern vermittelt, dass es jetzt besser ist, nicht zu unterbrechen – er spricht in einem dringlichen Ton, der nicht erlaubt, etwas einzuwenden oder gar aufzustehen und wegzugehen. Der Lährer wirft seine Zuhörer für eine Weile in ein Gefängnis. Andere Meinungen haben für ihn keine Bedeutung.

Es gibt verschiedene Lährer-Stile: den Freund-, Pauker-, Weisheits- und den „Es-tut-mir-Leid-aber-ich-weiß-das-nun-mal-einfach-besser"-Stil. Der Freund hat etwas Nettes, Beratendes, das impliziert, dass es nur um das Wohl des Belehrten gehe. Der Paukerstil, der für viele Lährer die natürliche, angeborene Ausdrucksweise ist, hat in unserer pluralistischen Gesellschaft wenig Chancen, und darum erlebt man ihn nicht mehr sehr häufig in der offenen direkten Art. Aber viele Lährer sind davon geprägt, und dieser Stil kommt darum auch immer wieder zum Vorschein. Der Weisheitsstil ist noch am ehesten zu ertragen, besonders wenn der Lährer in seinem Leben viel gearbeitet hat und sein Reden nicht nur aus Worthülsen besteht. Manche dieser Lährer dürfen sich an guten Tagen tatsächlich Lehrer nennen. Der „Es-tut-mir-Leid..."-Stil schnitt bei einer Umfrage am schlechtesten ab. Da begegnen sich Welten und es gibt einfach den, der es weiß, und die anderen, die es nicht wissen. Dieser Lährer erklärt alles mit freundlicher oder respektloser

Herablassung. Er fragt nicht, ob andere ihn hören wollen. Er redet und redet und redet, und verachtet dabei alles, was die Menschen, die er so belährt, selbst entwickelt haben. Er wirkt, als schöpfe er aus Quellen, die anderen nicht zugänglich sind, und als habe er alle Einsichten, die er im Brustton der Überzeugung gerade verkündet, selbst erfunden. Wenn er die Informationen und Einsichten anderer belächelt oder sich gar lustig über sie macht, dann ist klar, dass er eigentlich der Berater aller Menschen sein müsste.

So wie es bei richtigen Lehrern Schüler gibt, die etwas lernen, so gibt es bei Lährern Schöler, die widerwillig etwas lernen, oder auch nichts lernen, aber so tun, als würden sie sich in einer Lernsituation befinden. Sie tragen ihren Teil dazu bei, dass der Beruf des Lährers immer weiterlebt. Sie lassen zu, belährt zu werden. Würden sie aufstehen und weggehen, oder sich die Ohren zuhalten oder auch mal kräftig lachen über die Aufgeblasenheit eines Lährers, würde dieser Beruf viel weniger Zulauf haben.

AUSBLENDER

Ausblender sehen ihre Aufgabe im Leben nicht nur als einen Beruf an, sondern als eine Berufung, wie etwa die eines Arztes, Priesters oder Lehrers. Es ist nicht in erster Linie eine Art, Geld zu verdienen, um zu leben, sondern es ist eine Einstellung dem Leben gegenüber. Die Welt auszublenden lernt man nur mit viel Übung. Ein Ausblender zu sein heißt, nichts mehr zu sehen und nichts mehr zu hören. Es ist nicht in erster Linie eine medizinische oder physiologische Sache, sondern eine Sache der Seele. Es hilft darum auch nicht, sich die Augen verbinden zu lassen oder die Ohren zuzustopfen – das macht einen Menschen noch nicht zu einem Ausblender. Ausblender wählen ihre Berufung. Sie erheben die Unfähigkeit, zu sehen und zu hören, zu einer Kunstform. Hinter dieser Wahl und der Berufung – und die beiden gehören wahrscheinlich zusammen – steckt der tiefe Glaube, dass das, was wir nicht sehen oder nicht hören, auch nicht existiert. Schon vor langer Zeit habe die Philosophen die Frage erörtert, ob ein Baum, der in einem Wald umfällt, in dem kein Mensch ihn umfallen hört, wirklich ein Geräusch verursacht. Die Antwort auf diese Frage ist bis heute noch nicht gefunden worden. Es ist darum auch nicht absurd zu glauben – so sehen es jedenfalls die Ausblender –, dass die Dinge erst durch unsere Wahrnehmung Wirklichkeit werden. Was wir glauben, werden wir erleben. Ein Beispiel: Es kann einem Menschen gesagt werden, dass er schwer krank werden wird, und der Mensch wird tatsächlich schwer

krank. Der Glaube hat ihn krank gemacht. Wenn der Mensch ein Ausblender gewesen wäre, wäre er gesund geblieben. Es liegt alles in der Sicht (oder in der fehlenden Sicht) der Dinge.
Es gibt verschiedene Stufen dieser Berufung. Manche sehen nur gewisse Dinge nicht, während sie andere recht klar zu sehen scheinen. Sie sind selektiv taubblind. Die Berufung betrifft nur gewisse Bereiche ihres Lebens. Sie mögen zum Beispiel bei der Arbeit sehr gut sehen und hören können, aber in ihren Beziehungen sind sie zur Ausblendung Berufene. Sie bewegen sich im Zusammenleben wie ein Taubblinder auf der Straße, der weder sehen noch hören kann. Dann gibt es die, deren Unfähigkeit, zu sehen und zu hören, total ist. Sie haben sich ganz ihrer Berufung gewidmet. Sie sehen und hören nichts, sie sind in ihrem eigenen Leben eingeschlossen. Sie sind stolz auf die Absolutheit ihrer Berufung, und von manchen Menschen ernten sie viel Lob.
Besonders geeignet für diesen Beruf sind Menschen, die in einem festen System leben oder leben wollen. Sie fühlen sich ihrem System oder ihrer Ideologie verpflichtet und können darum nichts, was außerhalb liegt, wirklich wahrnehmen. Es gehört meistens zu ihrer Ideologie, das andere nicht wahrnehmen zu dürfen. Wer dazugehören will, muss für andere taubblind sein, denn nur so ist es möglich, dass alle in etwa das Gleiche glauben. Ausblendung schafft Solidarität, und das ist doch ein großer Wunsch in unserer pluralistischen Welt.
Hilfreich beim Ausüben dieses Berufes ist es, nicht übergreifend zu denken. Ausblender ist ein Beruf für Spezialisten. Menschen, die von

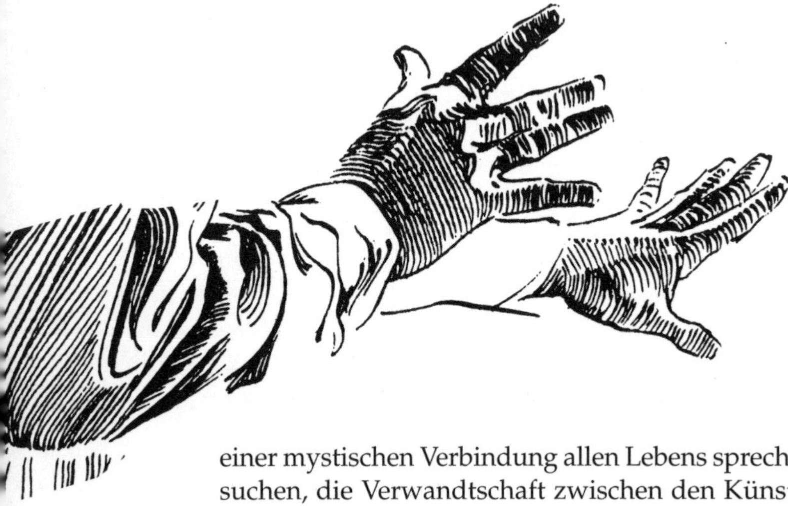

einer mystischen Verbindung allen Lebens sprechen, oder die versuchen, die Verwandtschaft zwischen den Künsten, Humanwissenschaften und Naturwissenschaften zu entdecken, die taugen nicht für den Beruf des Ausblenders. Sie wollen immer noch mehr sehen, hören und miteinander verbinden.
Bei meinen Nachforschungen habe ich feststellen können, dass es zwei gesellschaftliche Entwicklungen gibt, die einen wahrhaften Ansturm auf den Beruf und die Berufung des Ausblenders zur Folge haben. In Zeiten einer Informationsschwemme erfolgt die Reaktion, die man „Informationsblockade" nennen könnte. Da will ein Mensch nichts mehr aufnehmen, vor allem nichts Neues. Er will nicht mehr herausgefordert werden. Dies ist die beste Voraussetzung für den Beruf des Ausblenders. Das Ausblenden von Information, das andere mühsam betreiben müssen, wird ihm

zur zweiten Natur. Der Ausblender gedeiht in engen Perspektiven. Größe und Weite sind für ihn ein Ausdruck der Schwäche des modernen Menschen.

Der zweite Anlass ist ökonomische Not. Wenn wirtschaftliche Enge existiert, tritt Unsicherheit auf und wir nehmen Zuflucht beim Althergebrachten. Die meisten Menschen stecken in Zeiten finanzieller Not ihre ganze Energie in Absicherungen jeder Art. Alles andere ist Luxus. Diese Konzentration auf eine Sache macht es leicht, alles andere unbeachtet zu lassen.

Die Meister unter den Ausblendern sind sicherlich im Bereich der Religion zu finden. Durch die Unterstützung ihres Gottes sind sie eifriger als andere dabei, alles Fremde, Neue, Ungewöhnliche auszublenden. Weil sie unter besonderer Führung stehen, machen sie auch nur wenige oder keine Fehler, und das wiederum gibt ihnen das Recht, immer weniger zu sehen und zu hören, weil das andere ja ohnehin falsch und ungut ist. So wächst ihre Sicherheit mit ihrer Enge, bis sie irgendwann die einzigen sind, die noch ganz richtig glauben und leben.

Diesen Beruf kann jeder bei sich selbst zu Hause ausüben. Es bedarf keiner Schule, keines Lehrers, keiner besonderen Lehrbücher. Die einfachste Übung ist diese: hinsehen und dann noch nicht sehen, oder schnell vergessen, was man gesehen hat. Wenn man das schon als Kind übt und Hunderte und Tausende von Malen wiederholt, dann ist man auf dem besten Weg zur Karriere als Ausblender. Psychologen haben uns schon seit Jahren gesagt, dass wir nur das um uns sehen, was wir in uns tragen. Es ist darum für Ausblender leicht, nur wenig oder sogar gar nichts wahrzunehmen.

Es gibt für diesen Beruf eine Möglichkeit zum Quereinstieg. Wenn man Mitglied in einer Organisation wird – sei sie religiös, politisch, oder ideologisch –, in der die eigene Meinung den Statuten der Organisation untergeordnet wird, dann bekommt man automatisch das Zertifikat „Befähigung zum Ausblender" ausgestellt. Das ist eine Art Eignungszeugnis. Man hat dann zwar noch nicht die ausgebildeten Fähigkeiten eines Ausblenders, aber man ist auf dem besten Wege dahin. Darum ist die Mitgliedschaft in der einen oder anderen Organisation etwas sehr Wichtiges für potentielle Ausblender.
Ausblender setzen sich nicht zur Ruhe. Sie kennen keine Pension, weil ihnen mit zunehmendem Alter immer deutlicher wird, wie wichtig gerade ihr Beitrag zur Welt ist. Es ist wichtig, was sie nicht sehen, und was sie stellvertretend für viele nicht sehen. Und es ist wichtig, was sie nicht hören. Ohne sie und ihre Enge und Gerechtigkeit würde nichts gegen die Weite und den Liberalismus in der Welt gestellt werden. Sie sind die einsamen Rufer in der Wüste, die sich nicht verleiten lassen von all dem, was es in der Welt zu sehen und zu hören gibt.

FREIHEITSFLÜCHTER

Je komplexer die Welt wird, desto beliebter wird der Beruf des Freiheitsflüchters. Man kann schon sagen, dass es in letzter Zeit einen großen Ansturm auf ihn gegeben hat. Viele Menschen, jung und alt, Männer wie Frauen, fühlen sich von diesem Beruf angezogen. Es ist auch relativ leicht, ihn als Zweitberuf auszuüben. Er bedarf eines Einsatzes, der nicht gering ist, aber er lässt sich sämtliche Wachstunden des Tages ausüben. Man muss für diesen Beruf nicht direkt Zeit erübrigen, sondern er fließt wie alle guten, erfüllenden Berufe in sämtliche Lebensbereiche ein. Es gibt nicht die künstliche Trennung, wie sie etwa beim Rechtsanwalt oder Lehrer besteht, die ja nicht die Fähigkeiten ihres Berufes direkt in ihr Alltagsleben übertragen können (wenn sie es auch oft versuchen). Der Freiheitsflüchter kann, wo er geht und steht, seinen Beruf ausüben. Deshalb ist dieser Beruf aus unserer Kultur auch nicht mehr wegzudenken.

Vorbilder für Freiheitsflüchter sind nach wie vor die großen Intellektuellen der spanischen Inquisition, Torquemada zum Beispiel. Oder das Gremium, vor dem sogar Galileo Galilei seine Waffen strecken musste und nur noch wie ein kleiner ungezogenger Junge sagen konnte: „Und sie bewegt sich doch." In unserer Zeit gibt es eine Vielzahl von Gruppierungen und Menschen, die jeweils auf ihre Weise kollektiv und allein als Freiheitsflüchter zu bezeichnen sind. Manche von ihnen finden diese Bezeichnung nicht besonders passend und haben darum eine andere für sich selbst

gefunden. So gibt es in Kanada die politische Partei der Progressiven Konservativen. Freiheitsflüchter sind konservativ, aber sie mögen das Wort nicht, weil es zu sehr nach konservieren, also einkochen, klingt. Um es etwas moderner, flotter zu gestalten hat man darum „progressiv" davor gesetzt. Dann gibt es andere Freiheitsflüchter, die viel von Fundamenten sprechen. Sie betonen, so oft es jemand hören möchte (oder auch nicht), dass alles nur auf die Festigkeit des Fundamentes ankomme. Wo das Fundament nicht stimme, da könne man kein Gebäude bauen. Auch im religiösen Bereich sind die Freiheitsflüchter anzutreffen, vielleicht sogar häufiger als anderswo. Weil sie meistens einen direkteren Zugang zu Gott haben als andere Menschen, wissen sie nicht nur für sich selbst, sondern auch für den Rest der Welt, was wichtig und richtig ist. Ihre Standhaftigkeit ist beeindruckend. Sie drückt ein. Sogar Schädel. (Das war jetzt nur ein Spaß.) Sie haben große Mühe mit denen, die meinen, dass vieles im Leben eine Frage der Deutung sei, und erklären jede Diskussion mit Hinweis auf die Heilige Schrift für überflüssig, womit sie innerhalb ihrer Welt sicherlich Recht haben. Mit dem Beruf des Deuters haben sie besonders viel Schwierigkeiten, und meistens gibt es keine Freundschaft zwischen Ausübenden dieser beiden Berufsgruppen.

Die Ausbildung für diesen Beruf ist einfach. Es ist mehr ein Sich-Fernhalten von Ausbildung, da ja die neuen Ideen fast immer schädliche Konsequenzen mit sich bringen. Diese neuen Ideen haben mit Descartes begonnen und sind dann später von Kepler, Kopernikus und so zweifelhaften Philosophen wie Hegel, Marx bis hin zu Bloch weiterentwickelt worden. Ihr Motto ist darum: Möglichst wenig lesen, sich nicht durch Bücher verderben lassen. „Papier ist geduldig und da lässt sich allerhand schreiben, was einfach nicht wahr ist", sagen sie häufig. Sie üben sich auch darin, sich vor der Welt zu verschließen, um sich nicht verseuchen zu lassen von dem, was jetzt geglaubt und auch öffentlich gelehrt wird. Und sie hinterfragen sich selbst auch möglichst nicht. Selbstzweifel finden sie sowieso übertrieben, und halten sie für den Ausdruck einer verirrten Zeit.

Freiheitsflüchter sind manchmal mit Ausblendern befreundet. Sie können einander dabei helfen, neue Wege weder zu sehen noch zu gehen. Zusammen bilden sie eine wahrhafte Festung, an der alle, die „mit der Zeit mithasten", wie sie sagen, zerschellen.

Eine Sache ist mir an ihnen aufgefallen. Wenn sie die Glaubenssysteme anderer beschreiben, ob das religiöse, ideologische oder weltanschauliche sind, dann sagen sie häufig; „Ja, der oder jener hat sich der Sache ‚verschrieben'". Das Wort „verschrieben" ist hier entscheidend. Da sind Anklänge an Faust und Mephisto, an Unterschriften mit Blut, an den Verkauf der Seele herauszuhören. Sie selbst „glauben", was sie glauben, die andern „verschreiben" sich einer Sache. Es ist interessant zu beobachten, wie sich Freiheitsflüchter wehren, wenn jemand ihnen sagt, dass sie sich der Nicht-Entwicklung verschrieben haben. Das wollen sie nicht wahrhaben, sondern fühlen sich von Menschen verleumdet, die von der ganzen Sache einfach keine

Ahnung haben, die sich in der Freiheit suhlen und dabei sicherlich, so die Überzeugung der Freiheitsflüchter, zugrunde gehen werden.
Die Zukunft dieses Berufs ist rosig. In einer Zeit, die immer komplexer wird, die uns darum immer mehr Entscheidungen abverlangt, in einer solchen Zeit ist es viel einfacher, in das Bekannte zu fliehen und die zweifelhafte Freiheit denen zu überlassen, die sie sich wünschen. Und das sind nicht viele. Fast alle festen, soliden, alteingesessenen Organisationen, die Vaterland, Muttersprache und den weißen, westlichen kapitalistischen Segen hochhalten, suchen nach Menschen, die sie als Sprecher für ihre Ideale einsetzen können. Da sind die Freiheitsflüchter gefragte Leute.
Die Ausbildungswege sind so vielseitig wie die Menschen unterschiedlich sind. Grundsätzlich ist es wichtig, sich einer Organisation anzuschließen, bei der das eigene Denken durch Regeln und Gebote auf ein Minimum reduziert wird. Wenn andere über die Meinung des Mitglieds entscheiden, ist die erste große Freiheitsgefahr gebannt: die Freiheit des Gedankens. Wo die abgelegt ist, folgen die anderen Freiheiten bald: die Entscheidungsfreiheit, die Gewissensfreiheit, die Freiheit, den eigenen, unauswechselbaren Weg zu gehen, die Freiheit, einen persönlichen Glauben zu entwickeln, der mit dem Glauben keines anderen Menschen identisch ist. Es hilft auch, zu wiederholen, wie man etwas schon vor Jahren gesehen hat, vielleicht sogar sich selbst zu zitieren und nichts Neues in das eigene Gedankengebäude einzulassen. Je

fester das System ist, in dem man sich eingenistet hat, desto mehr ist man vor jeder Verunsicherung und Unvorhersagbarkeit gefeit. In jeder Lebenslage gibt es eine Möglichkeit, vor der Freiheit zu flüchten. Jeder Tag bietet darum fast unendlich viele Gelegenheiten zum Training für den Freiheitsflüchter. Es gibt überall eine Couch, in die man hineinsinken kann und wo man sicher ist vor den Herausforderungen des Lebens. Man kann sich mit vertrauten Dingen umgeben und die alten Gedanken immer noch einmal denken. So kann man die Zeit stillstehen lassen.

WINKER

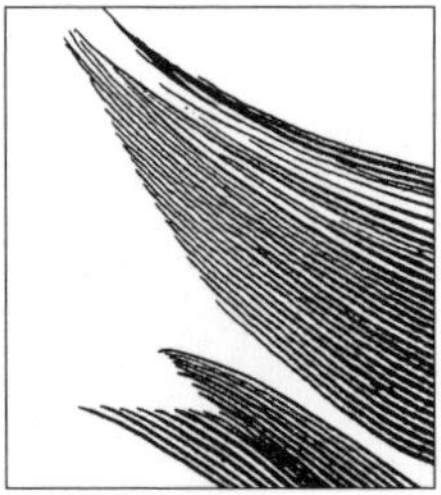

Der Winker weiß immer, was er will, aber er will nicht, dass die andern es wissen, wenigstens sollen sie es nicht direkt von ihm erfahren, sondern sie sollen es wie mit einem sechsten Sinn merken. Schließlich will der Winker nicht so wirken, als wolle er etwas. Für ihn ist es wichtig, nichts zu wollen und doch alles zu bekommen. Beim Winker und bei der Winkerin dreht sich alles um einen Wink. Der Wink ist das Herzstück ihres Lebens. Der Winker gibt einen Wink und die andern, alle andern, müssen, wenn sie ihn lieben und schätzen, diesen Wink wahrnehmen und sich dementsprechend verhalten. Und das kann sehr, sehr schwierig sein.
Winker sind sehr sensible Menschen, so sensibel, dass sie schrecklich leiden, wenn jemand ihren Wink nicht wahrnimmt. Noch schlimmer ist es, wenn jemand diesen Wink wahrnimmt und ihn dann nicht beachtet, sie also umsonst winken lässt. Dann kann es passieren, dass sie in eine andere Form des Winkens überwechseln, einfach aus einer gewissen Not heraus. Hier muss man sie einfach verstehen und auch ein wenig Mitleid haben – sie werden dann zu Zaunpfahl-Winkern. Dass sie sich auf diese Stufe begeben müssen, ist ihnen selbst zuwider, aber was bleibt ihnen schon anderes übrig, wenn sie es mit so unempfindsamen Menschen zu tun haben, die ihr schlichtes, unprätentiöses Winken nicht wahrnehmen?
Vom direkten Aussprechen ihrer Wünsche halten Winker nicht

viel. Das erscheint ihnen zu platt und erpresserisch, denn sie wissen, dass Menschen sich gegen direkt ausgesprochene Wünsche nur kaum wehren. Sie machen es darum ihren Mitmenschen leichter, indem sie ihre Wünsche durch die Blume andeuten.
Von der Charakterstruktur her sind es meistens unaufdringliche, sogar ängstliche Menschen, die zu Winkern werden. Innerlich sind sie mit Wartenden verwandt. Die Winker wie die Warter verwarten viel Zeit, was sie manchmal traurig macht. Aber diese Traurigkeit ist ihnen viel lieber, als andere Menschen direkt mit ihrem Wunsch zu konfrontieren. Man sagt Winkern nach, dass sie sich in der Zeit, in der sie warten, stetig wohler fühlen, weil sie an der Hartherzigkeit der andern, der nicht so Sensiblen, leiden und diese darum in ihrer Schuld stehen.
Es gibt keine Winkerschulen, aber ein Winker lernt das Winken vom anderen. Da wird das unklare Nuscheln geübt, das Durch-die-Blume-Sprechen, das Sich-selbst-unwichtig-Nehmen, das Sagen und dann gleich wieder zurücknehmen. Timing ist ganz wichtig: Das Winken muss mit einer kleinen Bemerkung oder Körperbewegung so unauffällig in das Gespräch einfließen, dass kaum einer es merkt und sich doch alle dem geheimen Wunsch hinter dem Winken unterordnen. Ebenso gehört Beiläufigkeit zur Grundausrüstung des Winkers. Und in der Sprache des Winkers tauchen manche Begriffe etwas häufiger auf als bei anderen Menschen. Dazu gehören: „Und falls du unter Umständen mal..." oder „Ganz nebenbei bemerkt..." oder „Es ist nicht wichtig, aber...".
Auch bestimmte Bewegungen muss der Winker lernen. Und sind sie gelernt, muss der Winker darauf

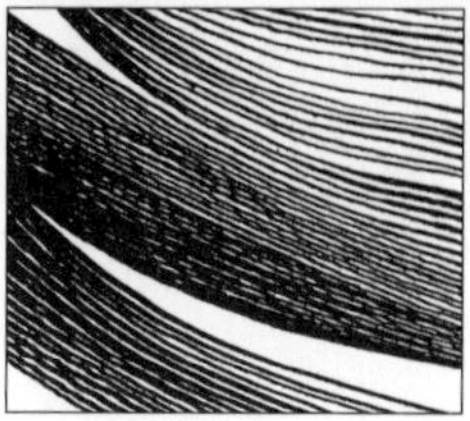

achten, bei wem sie erfolgreich sind und bei wem nicht. Auch wenn jeder Winker die Gesten individuell gestalten darf, kann man doch einige allgemeine Gesten feststellen:

Eine Bewegung, die mitten in ihrer Ausübung unterbrochen wird (etwa ein Arm, der gehoben wird und mitten beim Heben wieder fallen gelassen wird), als sei es doch sinnlos, die Bewegung auszuführen und auf eine Reaktion zu hoffen, heißt: „Frag mich doch bitte, wie es mir geht und was ich so mache."

Der gesenkte Blick eines Winkers, häufig mit einer leiser werdenden Stimme verbunden, heißt: „Du musst wirklich hören wollen, was ich gerade brauche!" Wenn sich der Hörende vorbeugt, um besser hören zu können, dann ist dieses Manöver erfolgreich gewesen, und es wird vom Winker wahrscheinlich in Zukunft bei diesem Gegenüber öfter gebraucht werden.

Der Blick des hilflosen Unverstehens, häufig mit einem Seufzer verbunden, heißt: „Bitte hilf mir, denn ich schaffe es nicht allein."

Ein stilles, kaum sichtbares Händeringen kann heißen: „Ich brauche deine Hilfe, warum hilfst du mir nicht?"

Ich kenne eine Winkerin, die ihr Winken zu einer besonders hohen Kunst entwickelt hat. Aber es hat sie einsam gemacht. Wenn man ihre Winke versteht und Verständnis für sie ausdrückt, wehrt sie sich gegen das Verständnis, als könne man sie doch nicht verstehen. Wenn man sich ihr noch mehr zuwendet, genügt auch das nicht. Es kann sogar passieren, dass sie einem Vorwürfe macht, weil man meint, sie verstehen zu können, wo man doch gar nicht so leidet wie sie. Es ist, als wolle sie am Ende gar keine Zuwendung, weil sie eigentlich leiden will. Sie wirkt wie eine Leiderin, als Winkerin verkleidet.

Interessant wird es, wenn man einen Winker auf sein Winken anspricht. Wahrscheinlich wird er abstreiten, dass er überhaupt winkt. Er wird es ein Missverständnis oder einen Zufall nennen und bitten, das nicht so ernst zu nehmen. Aber im nächsten Moment winkt er wieder, und es ist ihm ganz ernst mit seinem Winken.

Meinen Beobachtungen zufolge gibt es unter Winkern etwa gleichviel Männer und Frauen. Männer werden leichter ungehalten, wenn ihre Winke nicht verstanden werden, während Frauen eher im Stillen leiden und versuchen, ihr Wink-Repertoire zu vergrößern.

Unter alten Leuten gibt es mehr Winker als unter jungen. Das mag daran liegen, dass alte Leute – besonders wenn sie in ihrer Bewegungsfreiheit eingeschränkt sind – es schwer haben, sich selbst zu helfen, und darum auf andere angewiesen sind. Sie verlassen sich beim Ausdrücken ihrer Bedürfnisse auf die Winke. Junge Winker sind nicht so bedürftig und kokettieren darum manchmal mit ihrem Winken. Für sie ist es eher ein Spiel, mit dem sie die Aufmerksamkeit auf sich ziehen.

Die Gefahren dieses Berufes liegen hauptsächlich in der Not, die mit dem Unverständnis, dem der Winker begegnet, einhergeht. Es soll Winker geben, die total vereinsamt sind und keinen Ausweg aus ihrer Zurückgezogenheit finden. Weil manche Winker dieses Schicksal ahnen, üben sie mit ihrem Winken immer mehr Druck aus, um ihre Mitmenschen zu zwingen, auf sie zu reagieren. Aber meistens führt das zu einer wachsenden Abneigung dem Winker gegenüber. In der Vereinsamung ist die letzte Stufe dann die Sprachlosigkeit. Sie ist sozusagen ein letzter Wink.

Die Welt, wie sie uns vor Augen steht, ist ungeordnet und ohne Unterteilungen. Sie liegt uns in einem Stück zu Füßen, sie umgibt uns in einem endlosen Fluss. Für manche Menschen ist dies ein kaum erträglicher Zustand. Das Leben wirkt für sie bedrohlich, wenn sie es nicht übersichtlich ordnen. Sie sind von einer großen Liebe zur Ordnung getrieben. Sie ordnen ein, sie ordnen unter, sie kategorisieren, beschreiben, katalogisieren, klassifizieren, sie teilen auf, sie benennen und tun das alles, um das Chaos der Welt abzuwehren und alles in den Griff zu bekommen. Wenn jedes Ding, jede Sache, jede Situation und auch jeder Mensch einen ganz gewissen Platz mit einer entsprechenden Beschreibung hat und alles sich daran hält, dann sprechen sie vom „vollkommenen Glück der Vorhersagbarkeit". Sie ziehen sozusagen in jeder Lebenslage Schubfächer auf, zerlegen das, was ihnen gerade geschieht, in seine Einzelteile, legen diese Teile in die entsprechenden Schubfächer, schließen sie dann und verhindern so, dass etwas dieser Ordnung wieder entkommt. Alles wird fein geordnet immer wieder daliegen. Sie haben Schubladen für Menschen, für Dinge, für Gedanken, für Ereignisse. Sie haben die Vergangenheit geordnet, und auch die Zukunft wird ihrem Ordnungsdrang nicht entgehen. Ordnung muss sein.

Für das, was auf den ersten Blick in kein Schubfach zu passen

scheint, hat der Einordner gewisse „Einpassungstechniken" entwickelt. Da wird etwas behauen, gehobelt, geschmirgelt, um es passend zu machen. Ecken werden abgenommen, ein Gesicht wird neu geformt, ein Gedanke wird gekürzt, und nach und nach wird alles passend gemacht. Was am Ende noch immer nicht passt, wird verworfen. (Einordner und Verwerfer sind oft gute Freunde.) Dies geschieht alles im Interesse der Ordnung.
Einordner haben ein klares hierarchisches Verständnis von der Welt. Sie wissen, wo alles hingehört, wer wem unterstellt ist, in welcher Reihenfolge etwas abzulaufen hat, was passend und was ungehörig ist. So machen sie sich das Leben leicht. Allerdings gibt es im Einordner-Knigge kein Kapitel über Originalität.
Einordner stammen oft aus klassischen Einordnerfamilien. Sie haben von ihren Eltern gelernt, dass man mit dem Einordnen das Leben unter Kontrolle halten kann. Oft übernehmen sie hierbei direkt die Vorstellungen ihrer Eltern. Viele jedoch stammen aus chaotischen Familien. Sie haben unter der Unordnung in ihrer Familie gelitten und sich ins Gegenteil entwickelt. Ihre Ordnungsmaßnahmen sind häufig so rigoros, dass ihnen nichts ordentlich genug ist. Kürzlich habe ich einen Aufsatz über Einordner gelesen, in dem behauptet wurde, allem Einordnen sei eine Todesangst beigemischt. Chaos ist der Vorgeschmack des Todes, und Ordnung scheint ihn abzuwehren.
Besonders extrem sind die Schwarz-weiß-Einordner. Für sie gibt es nur schwarz und weiß, richtig und falsch, gut und böse. Oft sind sie im Drittberuf Vereinfacher. Sie sind an Ordnung interessiert, aber diese Ordnung sollte möglichst auch ganz einfach sein. Wenn man sie darauf hinweist, dass die Welt doch nicht so ein-

fach sei, weisen sie das zurück und behaupten, allein die Unordnung habe sie so kompliziert gemacht.
Einordner halten nicht viel von Entwicklung, weil jede Entwicklung mit Unordnung verbunden ist und keine Entwicklung sich sicher steuern und kontrollieren lässt. Doch wo es keine Entwicklung gibt, da gibt es auch keine bösen Überraschungen mehr. Unter Einordnern wird die Überraschung die Vorform der Unordnung genannt.

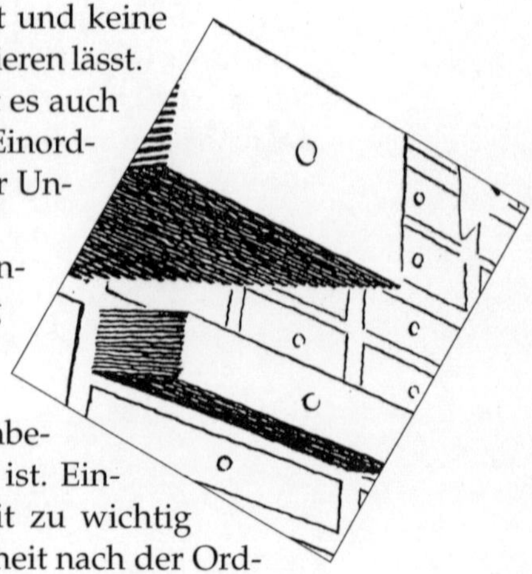

Für diesen Beruf sind ordnungsliebende Menschen beider Geschlechter geeignet. Wichtig dabei ist auch, dass man die Fähigkeit besitzt, ab- und aufzurunden, und zwar im weitesten Sinne des Wortes. Nichts muss unbedingt genau so verbraucht werden, wie es ist. Einordner betonen indirekt, dass die Wahrheit zu wichtig genommen werde. Für sie kommt die Wahrheit nach der Ordnung. (Ich habe einige sagen hören, dass Gott ein Gott der Ordnung sei.) Es ist darum wichtig, die Wahrheit manchmal ein wenig zu modifizieren, wenn sie mal nicht passen sollte. Auf keinen Fall darf die Wahrheit wichtiger als die Ordnung sein.
Einordner sind im Berufsleben sehr gefragt. Jede Organisation, in der Ordnung herrschen soll, braucht an ihren Schlüsselstellen Einordner. Einordner sind verantwortlich für Theorie und Praxis. Ohne Einordner gäbe es keine Armee. Ohne Einordner wäre es schwer, Grenzen aufrechtzuerhalten: Grenzen zwischen Ländern, Rassen, Religionen und Ideologien. Ohne Einordner könnte es passieren, dass Menschen in einem Betrieb plötzlich wichtiger wer-

den als die Ordnung, der sie unterstellt sind, und das würde zu einer großen Unordnung führen. Dabei ist bei guten Einordnern nicht so wichtig, was sie ordnen, sondern dass sie etwas ordnen, da sie glauben, dass der Inhalt der Form nie im Wege stehen sollte. Einordner wählen meistens konservativ, tragen gern graue, unauffällige Anzüge, sind verlässlich und bodenständig, glauben an das Durchhalten, reisen häufig an das gleiche Urlaubsziel und halten wenig von Mystik und noch weniger von Ekstase.

INHALT

Ulrich Schaffer

wurde 1942 in Deutschland geboren, wanderte aber schon als Zehnjähriger mit seiner Familie nach Kanada aus. Er studierte deutsche und englische Literatur und unterrichtete zehn Jahre lang an einem College bei Vancouver. Seit 1981 arbeitet er freischaffend als Schriftsteller und Fotograf.
Ulrich Schaffer hat Gedichte, Meditationen, Erzählungen, Romane und viele Bild-Textbände veröffentlicht. Im Herbst 2000 erschien der großformatige Bildband VISIONS – Gedanken für eine neue Welt. Seit 25 Jahren arbeitet er immer wieder einmal mit Friedrich Peter zusammen. Ulrich Schaffer lebt zusammen mit seiner Frau Waltraud in Gibsons an der Westküste Kanadas und kommt meistens zweimal im Jahr zu Lesungen nach Europa.

Friedrich Peter

wurde 1933 in Dresden geboren und wanderte 1957 nach Kanada aus. Dort hat er bis zu seiner Pensionierung 1998 an der Kunsthochschule in Vancouver unterrichtet (Vancouver Art School, Emily Carr Institute of Art and Design). Er hat sich viel mit Kalligraphie und Schriftgraphik beschäftigt und einige Alphabete entwickelt: Magnificat, Vivaldi und Sanbika. In Kanada ist er unter anderem auch bekannt geworden für seine Designs von Münzen, Briefmarken, Plakaten und den Medaillen für die Olympiade in Calgary.

In den letzten Jahren zieht es ihn immer stärker in die Natur, um dort zu zeichnen und zu aquarellieren. Er lebt zusammen mit seiner Frau Christine in Nord-Vancouver.

Die Deutsche Bibliothek - CIP-Einheitsaufnahme
Ein Titeldatensatz für diese Publikation ist bei
Der Deutschen Bibliothek erhältlich.

1 2 3 4 5 06 05 04 03 02 01

Ein Unternehmen der Verlagsgruppe Dornier
Postfach 80 06 69, 70506 Stuttgart, Tel.: 0711/78 80 30
Texte: Ulrich Schaffer
Zeichnungen: Friedrich Peter
Umschlaggestaltung: Ulrich Schaffer unter Verwendung
des Bildes „Roter Zyklus" von Kristin Becker
Konzeption, Gestaltung und Layout: Ulrich Schaffer
Schrift: Palatino 10,2/12,4
Druck und Bindung: Printed in Germany
ISBN 3 7831 1986 3